dtv

Verhandlungen führen wir täglich, im Großen wie im Kleinen. Dazu braucht man viel Fingerspitzengefühl, aber auch das richtige Know-how. Welche Strategie kann erfolgreich sein? Wie bereitet man sich optimal vor? Wie steigt man am besten in ein Gespräch ein? Wie findet man eine Vereinbarung, die beide Seiten akzeptieren können? Wie geht man mit Stress um? Was tun, wenn man sich in eine Sackgasse manövriert hat? Als ehemaliger Verhandlungsführer bei der Polizei sind Matthias Schranner all diese Herausforderungen vertraut. Er hat Gesetzmäßigkeiten erkannt, die für jede Art von Verhandlung gelten, und stellt ebenso anschaulich wie pragmatisch anhand vieler Fallbeispiele die Grundlagen einer gelungenen Verhandlungsführung vor. Ein spannender und praktischer Leitfaden für alle, die im nächsten Verhandlungsgespräch souverän bestehen wollen.

Matthias Schranner, einst Verwaltungsjurist im bayerischen Innenministerium, war lange in einer Spezialeinsatztruppe der Polizei verantwortlich für Verhandlungen mit Geiselnehmern und anderen Gewalttätern. Heute berät er Unternehmen wie BMW, Microsoft und SAP. Weitere Informationen zum Autor und seinen Seminarangeboten finden Sie im Internet unter http://www.schranner.com.

Matthias Schranner

DER VERHANDLUNGS-FÜHRER

Strategien und Taktiken, die zum Erfolg führen

Deutscher Taschenbuch Verlag

FSC
Mix
Produktgruppe aus vorbildlich bewirtschafteten Wäldern und anderen kontrollierten Herkünften

Zert.-Nr. GFA-COC-1298
www.fsc.org
© 1996 Forest Stewardship Council

Der Inhalt dieses Buches wurde auf einem nach den Richtlinien des Forest Stewardship Council zertifizierten Papier der Papierfabrik Munkedal gedruckt.

Ungekürzte Ausgabe
Juni 2006
Deutscher Taschenbuch Verlag GmbH & Co. KG, München
www.dtv.de

unter dem Titel:
Der Verhandlungsführer. Die richtige Strategie, die stärksten Argumente, die besseren Nerven
Umschlagkonzept: Balk & Brumshagen
Umschlagbild: Marcus Langer/Jutta-Fricke-Illustrators, www.jutta-fricke.de
Grafiken: Stefan Melzer, artcore Kommunikationsdesign, München
Gesamtherstellung: Kösel, Krugzell
Gedruckt auf säurefreiem, chlorfrei gebleichtem Papier
Printed in Germany
ISBN-13: 978-3-423-34319-0
ISBN-10: 3-423-34319-2

Für die beiden besten Verhandler der Welt:
Meinen Söhnen Marco und Fabio

Inhalt

Prolog

„Banküberfall mit Geiselnahme, Täter noch am Tatort!“ Diese Information erhalte ich per Telefon von der Einsatzleitung. Sofort springe ich in mein Auto und rase zur Einsatzzentrale. Die weiteren Informationen bekomme ich während der Fahrt per Funk: „Ein mit einer Pistole bewaffneter und maskierter Mann hat die Bankfiliale in … wenige Minuten vor Geschäftsschluss betreten. Er hat die zwei Kunden, die in der Bank waren, mit der Pistole bedroht und ihnen befohlen, sich neben dem Eingang auf eine Bank zu setzen. Dann hat er den Bankangestellten bedroht, ihm eine Plastiktüte gegeben und ihn aufgefordert, alle Geldscheine in die Tüte zu stecken. Als er die Tüte mit dem Geld zurückbekommen hatte, wollte er durch den Haupteingang fliehen. Einer der Kunden hat ihm ein Bein gestellt, der Täter ist gestolpert und der Kunde hat sich auf ihn geworfen und ihn in ein Handgemenge verstrickt. Der zweite Kunde konnte fliehen und uns diese Angaben machen. Der Täter hat die Bank wahrscheinlich noch nicht verlassen. Wir gehen davon aus, dass er den Kunden und die Bankangestellten noch immer mit der Pistole bedroht.“

Ich spüre, wie der Stress in mir ansteigt, die Hände werden feucht, mein Mund wird trocken. Ich habe Mühe, mich auf den Straßenverkehr zu konzentrieren. Meine Gedanken sind bereits beim Täter. Was ist er für ein Mensch? Wie kann ihm so ein Fehler passieren? Wie hoch ist seine Stressdosis? Wie geht es dem „mutigen“ Kunden? Lebt er noch oder hat ihn der Bankräuber erschossen? Hat der Täter eine richtige Waffe oder nur eine Schreckpistole?

Die Ankunft in der Einsatzzentrale ist wie eine Erlösung. Endlich kann ich mich voll auf den Täter konzentrieren. Die Einsatzleitung hat eine Ringfahndung in einem Radius von 30 km um die Bank angeordnet. Es ist immer noch nicht bekannt, ob der Täter noch in der Bank ist. Die Bank wurde erst zehn Minuten nach dem Überfall von der Polizei umstellt. Vielleicht ist er schon geflüchtet.

Wir rufen in der Bank an. Die Zeit zwischen den Freizeichen erscheint mir wie eine Ewigkeit. Die Spannung steigt ins Unermessliche. Endlich wird der Hörer abgenommen …

Und nun beginnt die Verhandlung. Zuerst der Einstieg in die Verhandlung, dann die Vorstellung, die Analyse des Verhandlungspartners, der Umgang mit Stress, die Argumentation, die Überzeugung, schließlich die Vereinbarung.

„Sind die Tipps eines Verhandlungsführers der Polizei in meinen Verhandlungen anwendbar?" Diese Frage wird mir oft von Lesern, Seminarteilnehmern und Journalisten gestellt. Dies ist jedoch die falsche Frage.

Wieso sollten sie nicht anwendbar sein? Weil die Polizei nicht mit Menschen verhandelt? Mit wem dann? Mit rücksichtslosen, entschlossenen und gestressten Verhandlungspartnern? Ja genau … und mit wem verhandeln Sie?

Sie haben sicher auch schon Verhandlungen mit rücksichtslosen, entschlossenen und gestressten Menschen geführt. Geführt? Oder sich führen lassen? Diese Verhandlungen waren meist sehr schwierig für Sie. Schwierig deshalb, weil auch Sie gestresst waren, mehr Rücksicht erwartet hätten und ein Einlenken Ihres Partners nett gewesen wäre. Nett! Mit solchen Erwartungen sollten Sie jedoch nie in eine Verhandlung einsteigen.

Die Tipps eines Verhandlungsführers der Polizei sind auf alle Fälle auch in Ihren Verhandlungen anwendbar. Die Ausgangssituation ist natürlich eine andere, das Ziel – Ihre Interessen durchzusetzen – ist jedoch dasselbe.

Eine Frage, die ich mir oft stelle, ist folgende: „Wieso haben die Leute so viel Schwierigkeiten, wenn der Verhandlungspartner nicht mitspielt?" Es ist ein Grundelement der Verhandlung, dass verschiedene Interessen kollidieren und deshalb der andere nicht gleich mitspielen will. Sie sehen Ihre Lösung als die richtige an, Ihr Verhandlungspartner die andere. Der Zweck der Verhandlung besteht nun darin, die für Sie beste Lösung im Verlauf des Gespräches durchzusetzen. Schwierig wird dies für die meisten dann, wenn die Führung aus der Hand gegeben wird und nicht mehr zurückgewonnen werden kann.

In diesem Buch befasse ich mich speziell mit der **Technik der Verhandlungsführung**. Ich war Verhandlungsführer bei der Polizei und werde Ihnen in diesem Buch Beispiele aus meiner beruflichen Tätigkeit vorstellen und aus diesen Beispielen Tipps für Ihre Verhandlungen ableiten. Dabei spielt es keine Rolle, ob es um geschäftliche Verhandlungen geht oder um private Angelegenheiten. Verhandeln muss jeder von uns, und zwar öfter, als wir denken. Wir verhandeln in der Wirtschaft, aber auch im privaten Bereich, beispielsweise mit dem Händler beim Kauf eines Autos oder mit den Handwerkern beim Bau eines Hauses.

Bei einer gut geführten Verhandlung kommt es aber nicht nur auf die richtige Technik an. **Noch wichtiger sind Verhaltensweisen wie Mut und Konsequenz.** Ich fordere Sie auf, Mut zu erproben und Mut zu zeigen. Und mit diesem Mut konsequent zu sein.

Verhaltensweisen wie Mut oder Konsequenz können Sie erlernen wie jede andere Verhaltensweise auch. Können kommt von Üben. Wenn Sie die Gesetze der Verhandlungsführung üben, werden sich diese Verhaltensweisen bald einstellen.

Mir ist es wichtig zu erwähnen, dass ich kein Held bin und ich mich auch nicht so fühle. Ich hatte oft nicht die Wahl, die Sie in Ihren Verhandlungen haben. Ich konnte keine Verhandlung verschieben, mich austauschen lassen oder den Verhandlungspartner fallen lassen. Deshalb war ich gezwungen, mutig zu sein. Ich konnte nicht während einer Geiselnahme aufhören oder eine Geisel „opfern".

Wundern Sie sich bitte nicht, dass ich auch Geiselnehmer und Bankräuber „Verhandlungspartner" nenne. Auch sie waren „Partner" auf dem Weg zu einer erfolgreichen Verhandlung. Worte wie „Gegner" vermeide ich bewusst, weil auch Ihr Gegenüber bei einer Verhandlung als „Partner" wichtig für Sie ist.

Am Ende jedes Kapitels befindet sich eine kurze Zusammenfassung meiner Tipps. Zusätzlich finden Sie in Teil 6 „Konkrete Tipps für die Praxis" eine Zusammenfassung des Buches, damit Sie sich schnell in dem schwierigen Terrain der Verhandlung zurechtfinden können.

Ich wünsche Ihnen viel Spaß beim Lesen und viel Erfolg bei Ihren Verhandlungen.

Ihr Matthias Schranner

Der Verhandlungs-prozess

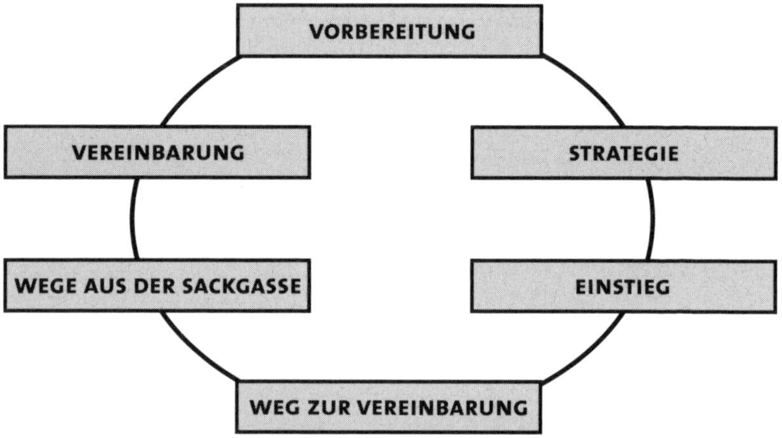

Teil 1

Die Vorbereitung

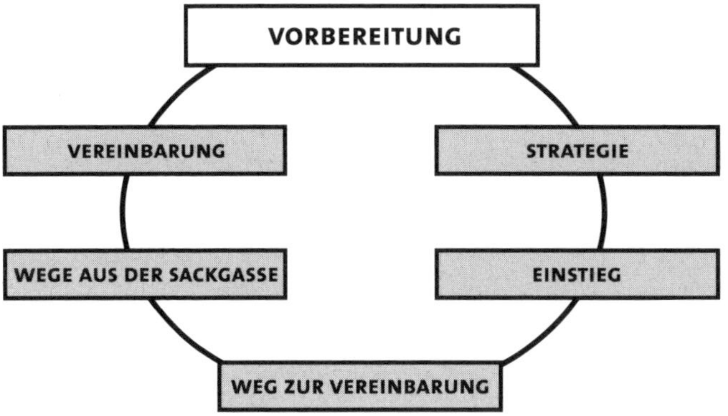

1 Entscheiden Sie, ob Sie verhandeln sollen

Die Alternativen zur Verhandlung

Am Anfang steht die Frage, ob Sie die Verhandlung überhaupt beginnen sollen. Lohnen sich die Vorbereitung, die Analyse, die Argumentation, das Feilschen um die Vereinbarung überhaupt? Lohnen sich Ihr persönlicher Einsatz, der Einsatz Ihres Teams, der ganze zu erwartende Stress?

Sie haben einen Konflikt festgestellt und überlegen nun, wie Sie diesen Konflikt lösen können. Grundsätzlich haben Sie drei Möglichkeiten:

- Vermeidung einer Auseinandersetzung
- Führung einer Verhandlung
- Durchsetzung Ihrer Interessen ohne Verhandlung

Keine der Alternativen ist grundsätzlich gut oder schlecht. Sie werden in diesem Buch auch nie von einer Bewertung in gut oder schlecht lesen. Die Frage nach gut oder schlecht stellt sich nicht.

Die Frage lautet vielmehr: Wie kommen Sie zu einer für Sie zufrieden stellenden Vereinbarung? **Es zählt der Erfolg!** Wenn Sie Ihre Interessen auch ohne Verhandlung durchbringen, warum sollten Sie dann verhandeln? Sie leben vom Ergebnis, nicht vom Applaus.

Wenn Sie noch in der Entscheidungsfindung sind, können Sie aus der Entscheidungsfindung der Polizei bei schwierigen Einsätzen lernen. Wir haben die Entscheidung, ob und wie wir verhandeln sollen, an einer sehr einfach klingenden Frage festgemacht.

Was passiert, wenn Sie nichts tun?

Welchen Verlauf wird die Situation wohl nehmen, wenn wir nicht eingreifen? Dabei wurden zuerst Szenarien für den Best Case und für den Worst Case entworfen.

Die Mitglieder unseres Verhandlungsteams hatten die Aufgabe, sich in die Gedanken des polizeilichen Gegenübers hineinzudenken.

Die Teammitglieder dachten im ersten Schritt in Richtung des Worst Case. Sie überlegten, was die Motivation der Störer, so der offizielle Polizeisprachgebrauch, sein könnte. Der Begriff „Störer" kommt aus dem Fachjargon der Juristen. Ein Störer ist jemand, der die öffentliche Sicherheit und Ordnung stört, d.h. Straftaten oder Ordnungswidrigkeiten begeht.

Bei der Suche nach der Motivation wurde in dieser Gedankenrichtung meistens „böser Wille" unterstellt. Das heißt, wie könnte die Polizei ausgetrickst und überlistet, die Presse getäuscht und für die eigenen Zwecke gewonnen werden? Der Gedankenreichtum war erstaunlich, die Gedanken der polizeilichen Verhandler gingen meist viel weiter in die negative Schiene als die der Störer. Vielleicht auch, weil wir schon so viele Situationen erlebt und ähnliche Erfahrungen gemacht hatten.

Im zweiten Schritt dachten die Teammitglieder in Richtung des Best Case. Was müsste bei den Störern passieren, damit sie weitere Störungen unterlassen würden? Hier gingen wir davon aus, dass die Störer generell verhandlungsbereit sind und wir gemeinsam zu einer Vereinbarung kommen könnten. Die wichtigste Überlegung war hierbei, was wir einbringen oder unterlassen müssten, damit die Störer nicht gegen uns arbeiten würden.

Diese Vorgehensweise wurde vor allem bei Demonstrationen oder Situationen mit mehreren Störern eingesetzt. Diese Fragestellung gilt natürlich nur für die Verhandlungsführung, nicht für die Verfolgung von Straftaten. Bei schweren Straftaten hatten wir keine Wahl, Straftäter müssen festgenommen werden. Bei Geiselnahmen oder Banküberfällen stellt sich die Frage nicht, ob wir verhandeln sollen. Die Frage nach dem „Wie" stellt sich jedoch schon.

Schritte zur Entscheidungsfindung

Wenn Sie also vor der Entscheidung stehen, ob Sie überhaupt verhandeln sollen, dann können Sie nach diesem Schema vorgehen:

1. Beschreibung der derzeitigen Situation
2. Welche Argumente sprechen für eine Verhandlung?
3. Welche Argumente sprechen gegen eine Verhandlung?
4. Bewertung der Argumente
5. Entwurf eines Szenarios:
   - Was ist, wenn wir nichts tun?
   - Wie könnte der Worst Case aussehen, wenn wir nicht verhandeln?
   - Wie könnte der Best Case aussehen, wenn wir nicht verhandeln?

Wichtig ist hierbei, dass Sie die Fragen schriftlich beantworten und Teammitglieder oder sonstige Vertraute einbeziehen. Wenn Sie nicht schriftlich vorgehen, kann es sein, dass Sie sehr schnell emotional und intuitiv handeln. Wenn Gedanken wie „Ja klar, denen zeigen wir es!" aufkommen, ist höchste Vorsicht angebracht. In dieser Phase müssen Sie sich zu einer strukturierten Vorgehensweise zwingen. Noch haben Sie alle Optionen, legen Sie sich auf keinen Fall bereits jetzt fest.

Wann ist der richtige Zeitpunkt für eine Verhandlung?

Das weiß niemand. Die Frage, ob Sie eine Verhandlung beginnen sollen, stellt sich nicht plötzlich. Diese Entscheidung ist Teil eines Prozesses, den Sie – bewusst oder unbewusst – so gesteuert haben. Wenn Sie sich beispielsweise fragen, ob Sie eine Verhandlung mit Ihrem Geschäftspartner, Mitarbeiter, Chef oder Ehepartner beginnen sollen, dann ist der Prozess so weit fortgeschritten, dass die Entscheidung meist bereits getroffen ist. Entscheidungen werden meist nicht getroffen, sie entstehen!

Ich bin ein Anhänger des „Aldi-Prinzips", d.h. nicht allzu lange überlegen und abwägen, sondern einfach beginnen. Solange Sie in der Anfangsphase der Verhandlung jede Festlegung vermeiden, kann Ihnen nichts passieren. Ein leichtes Herantasten an mögliche Verhandlungsthemen kann Ihnen niemand verübeln. Wenn möglich, können Sie auch andere Personen für Sie vortasten lassen. Beispielsweise einen Negotiator, den Sie in Kapitel 4 noch kennen lernen werden.

Die folgenden Fragestellungen können dabei hilfreich sein:

- Welche Vorteile haben Sie, wenn Sie bereits jetzt mit der Verhandlung beginnen?
- Welche Vorteile haben Sie, wenn Sie mit der Verhandlung noch nicht beginnen?

Was tun bei einer Fehlentscheidung?

Sobald sich herausstellt, dass eine Entscheidung falsch war, müssen Sie unverzüglich handeln. Wenn Sie das nicht tun und abwarten, machen Sie gleich den nächsten Fehler – meist einen weit schlimmeren. In dem Wort „abwarten" steckt das Wort „warten". Und „warten" hat nun mal gar nichts mit „führen" zu tun. Warten heißt in diesem Zusammenhang, schlichtweg nichts zu tun, weil Sie Angst haben, etwas zu tun.

Die bewusste Pausensetzung als Mittel der Verhandlungskunst ist eine gewollte Handlung.

Entscheiden Sie, ob Sie verhandeln sollen

Sie haben drei Möglichkeiten:

- Vermeidung einer Auseinandersetzung
- Führung einer Verhandlung
- Durchsetzung Ihrer Interessen ohne Verhandlung

Was passiert, wenn Sie nichts tun?

Welchen Verlauf wird die Situation wohl nehmen, wenn Sie nicht eingreifen? Entwerfen Sie bitte Szenarien für den Best Case und für den Worst Case.

Schritte zur Entscheidungsfindung:

1. Beschreibung der derzeitigen Situation
2. Welche Argumente sprechen für eine Verhandlung?
3. Welche Argumente sprechen gegen eine Verhandlung?
4. Bewertung der Argumente
5. Entwurf eines Szenarios:
   - Was ist, wenn wir nichts tun?
   - Wie könnte der Worst Case aussehen, wenn wir nicht verhandeln?
   - Wie könnte der Best Case aussehen, wenn wir nicht verhandeln?

Wann ist der richtige Zeitpunkt?

Das weiß niemand. Probieren Sie es aus und legen Sie los. Beziehen Sie zu Beginn der Verhandlung auf gar keinen Fall eine feste Position.

2 *Bestimmen Sie Ihr Verhandlungsziel*

„Ich fordere eine Million Euro und einen freien Abzug, sonst erschieße ich die Geiseln!" Wie lautet das Ziel einer polizeilichen Verhandlung in so einem Fall? Das Leben der Geiseln schützen? Den Geiselnehmer festnehmen? Unbeteiligte Personen schützen? Solange verhandeln, bis alle Einsatzkräfte vor Ort sind und somit alle Optionen für das polizeiliche Handeln gegeben sind? Informationen über den Täter gewinnen?

Diese Ziele sind nicht alle vereinbar und können zeitlich nicht alle gemeinsam erfüllt werden. Zuerst stellt sich die Frage, welche Ziele wichtiger und dringender sind als andere.

Wenn ich Sie jetzt bitte, die Ziele für Ihre nächste wichtige Verhandlung zu formulieren, dann werden Sie feststellen, dass auch Ihre Ziele nicht alle vereinbar sind und zeitlich nicht alle gemeinsam erfüllt werden können. Deshalb schlage ich Ihnen vor, Ihre Ziele auf einer Skizze, ähnlich einer Zielscheibe, einzutragen.

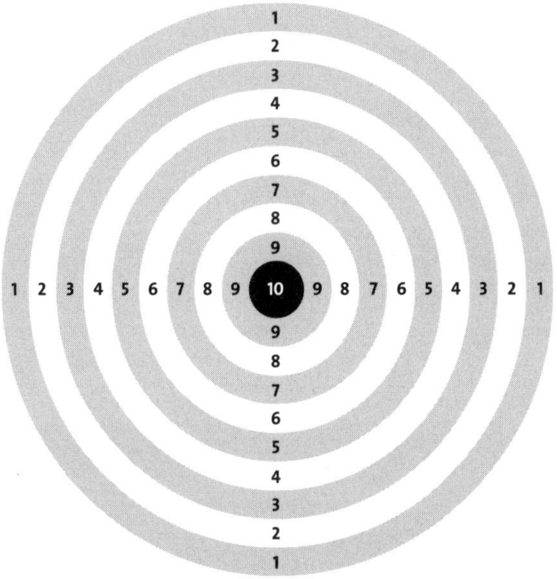

Formulieren Sie einen Zielbereich

Formulieren Sie bitte keinen Zielpunkt – ein Punkt schränkt Sie zu sehr in Ihrer Verhandlungsführung ein und macht Sie dadurch sehr unflexibel. Formulieren Sie stattdessen einen Zielbereich, von einem Minimalziel – Ring 1 – bis zum Maximalziel – Ring 10.

Im Maximalziel beschreiben Sie den für Sie optimalen Ausgang der Verhandlung. Im Minimalziel halten Sie fest, was unbedingt eintreten muss, damit Sie die Verhandlung weiterführen werden. Sollten Sie das Minimalziel nicht erreichen, müssten Sie die Verhandlung abbrechen. Vor allem wenn Sie ein Verhandlungsteam führen, müssen Sie die Ziele schriftlich formulieren und klar weitervermitteln.

Setzen Sie Zwischenziele

Ein Zielpunkt – Ring 10 – könnte beispielsweise sein: „Ich verlängere den Arbeitsvertrag, wenn ich 10 % mehr Gehalt bekomme." Positiv ist bei dieser Formulierung die Entschlossenheit der Vorgehensweise. Negativ wird sich jedoch diese starre Formulierung auswirken, wenn Sie mit einem Gegenangebot konfrontiert werden. Sie sind dann zu stark auf 10 % fixiert und können das Entgegenkommen nicht mit Ihren Zielen verbinden. Ein Zwischenziel – Ring 5 – wäre beispielsweise: „Ich will 5 % mehr netto verdienen, ob das mit einer Gehaltserhöhung, einem größeren Dienstwagen oder einer Firmenversicherung erreicht wird, ist nicht so wichtig." Auch das Minimalziel muss formuliert werden: „Ich will mindestens 2 % mehr netto, sonst kündige ich." Sie müssen sich nun allerdings sicher sein, dass Sie bei einer Gehaltserhöhung von 1,9 % kündigen werden. Wenn Sie sich nicht sicher sind, haben Sie Ihr Minimalziel falsch formuliert. Wenn Sie beispielsweise auch ohne Gehaltserhöhung bleiben würden, dann müsste Ihr Minimalziel lauten: „Ich bleibe auf alle Fälle, deshalb werde ich rechtzeitig einschwenken."

Nutzen Sie die SMART-Formel

Einen Zielbereich sollten Sie mit der SMART-Formel formulieren:

- Specific
- Measurable
- Acceptability
- Realistic
- Time

Specific

Hierbei ist es wichtig, detailliert zu beschreiben, was Sie erreichen möchten. Wenn Sie nicht konkret formulieren, bleibt es ein Wunsch.

Measurable

Die von Ihnen formulierten Ziele müssen messbar sein. Was muss genau eintreten, damit Sie Ihr Ziel erreicht haben? Notieren Sie also bitte vor der Verhandlung, welche Details gemessen werden können.

Acceptability

Können Sie die Aus- und Nachwirkungen der Verhandlung akzeptieren? Dieser Punkt zielt nicht so sehr auf die Verhandlung selbst, sondern auf die Folgen der Verhandlung ab. Wie reagieren Ihre Chefs, Kollegen, Freunde und Ihre Familie, wenn Sie die Verhandlung so führen werden? Nur wer mit den Folgen auch leben kann, sollte die Verhandlung beginnen.

Realistic

Die realistische Einschätzung der Zielformulierung ist wohl der schwierigste Punkt der Zielformulierung. Was ist schon realistisch? Die meisten Menschen ziehen bei der Beantwortung dieser Frage die Vergangenheit zu Rate. Wenn Sie beispielsweise überlegen, ob Ihr Verhandlungspartner bereit sein wird, eine Lohnerhöhung von 10% zu akzeptieren, dann gleichen Sie diese Überlegung mit Ihren Erfahrungen der zurückliegenden Verhandlungen ab. Vielleicht kommen Sie zu dem Schluss, dass aufgrund der letzten fünf

Jahre eine Lohnerhöhung eher unrealistisch ist und Sie diese Forderung deshalb bleiben lassen. Schade. Besser ist es, die Chancen der Zukunft in diese Frage einzubringen. Wie werden sich der Markt, die Mitbewerber und die Gehälter in der Zukunft entwickeln? Aus diesen Prognosen sollten Sie überprüfen, ob Ihr Verhandlungsziel realistisch ist. Nicht aus den Erfahrungen der Vergangenheit.

Time

Das Ziel und die Verhandlungsdauer sollten natürlich auch zeitlich befristet sein. In einer detaillierten Time-Line sollten Sie festlegen, wer was wann erreicht haben muss.

Bringen Sie Ihre Ziele in eine zeitliche Reihenfolge

Die formulierten Ziele sollten Sie nun in eine zeitliche Reihenfolge einbinden. Mit welchem Ziel beginnen Sie, welches folgt dann, welches ist das abschließende Ziel? Bei polizeilichen Einsätzen sind wir beispielsweise so vorgegangen:

1. Aggression abbauen
2. Vertrauensverhältnis aufbauen
3. Informationen über den/die Täter gewinnen
4. Den/die Täter zu einer Handlung veranlassen

Immer wenn Sie ein Ziel erreicht haben, schreiten Sie zum nächsten Ziel. Fixieren Sie also bitte, welches Teilziel wann erreicht werden soll – und wie es kontrolliert werden kann.

Bestimmen Sie Ihr Verhandlungsziel

Formulieren Sie einen Zielbereich

- Im Maximalziel beschreiben Sie den für Sie optimalen Ausgang der Verhandlung
- Im Minimalziel halten Sie fest, was unbedingt eintreten muss, damit Sie die Verhandlung weiterführen werden
- Sollten Sie das Minimalziel nicht erreichen, müssten Sie die Verhandlung abbrechen

Nutzen Sie die SMART-Formel:

- Specific
- Measurable
- Acceptability
- Realistic
- Time

Bringen Sie Ihre Ziele in eine zeitliche Reihenfolge

- Mit welchem Ziel beginnen Sie?
- Welches Ziel folgt dann?
- Welches ist das abschließende Ziel?

3 Prüfen Sie jede Information doppelt

„Polizist erschießt Hausbesitzer!" – so lauteten die Schlagzeilen, nachdem ein Kollege der Zivilfahndung einen Mann erschossen hatte. Natürlich schoss der Kollege nicht vorsätzlich. Es lag ein Missverständnis zu Grunde, das vermeidbar gewesen wäre: mit dem Double-Check der Informationsgewinnung.

Eine ältere Frau rief gegen 22.00 h in der Einsatzzentrale der Polizei an und machte folgende Mitteilung: „Mein Nachbar ist im Urlaub und hat mich gebeten, auf das Haus aufzupassen. Jetzt habe ich von meinem Haus aus gesehen, dass beim Nachbarn eine Person über das Grundstück gelaufen ist und dass eine Leiter am Balkon angelegt ist."

Die Einsatzzentrale der Polizei gab über Funk an die uniformierten Kollegen die Meldung weiter: „Verdächtige Person auf dem Grundstück … in der Ortschaft …" Wenige Minuten nach diesem Funkspruch trafen mehrere Einsatzfahrzeuge am Tatort ein, darunter auch zwei Einsatzfahrzeuge der Zivilfahndung. Der weitere, detaillierte Verlauf ist nicht zweifelsfrei geklärt. Wenn Sie „Stille Post" aus der Schulzeit noch kennen, dann wissen Sie, welche Kommunikationsstörungen auftreten können. Ein uniformierter Kollege sagte vermutlich zu einem Kollegen der Zivilfahndung, dass eine verdächtige Person über die Leiter auf den Balkon gestiegen sei. Der Beamte der Zivilfahndung unterrichtete dann wohl seine Kollegen, dass ein Einbrecher in das Haus eingedrungen sei.

Und jetzt wurde ein großer Fehler gemacht: Diese Information – ein Einbrecher ist im Haus – wurde nicht mehr überprüft, also nicht mehr „doppelt gecheckt". Ein Beamter der Zivilfahndung kletterte die Leiter hinauf, um den vermeintlichen Einbrecher in der Wohnung zu fassen bzw. ihm zumindest diesen Fluchtweg abzusperren. Als der Beamte den Balkon betrat, sah er, wie der Lauf eines Gewehres durch die Jalousien gesteckt und auf ihn gezielt wurde. Dann wurde auf ihn geschossen. Er zog noch schnell seine Pistole und schoss zurück.

Der Mann hinter dem Gewehr wurde tödlich getroffen. Es war der Hausbesitzer. Er kam früher als erwartet aus dem Urlaub zurück und sah, nachdem er sein Haus betreten hatte, wie mehrere Männer in Zivilkleidung durch seinen Garten liefen. Er fühlte sich bedroht, glaubte wohl, dass ihn jemand ausrauben wollte und schoss mit einer Schreckschusswaffe auf den vermeintlichen Einbrecher.

Ich möchte an dieser Stelle nicht Schuld, Vorsatz, Fahrlässigkeit und Vermeidbarkeit bewerten. Ich möchte aufzeigen, welche verheerenden Folgen es haben kann, wenn einer einzigen Information so viel Vertrauen geschenkt wird.

Bei einem Einsatz von polizeilichen Verhandlungsführern werden deshalb alle Informationen zweimal überprüft. Das hat nichts mit grundsätzlichem Misstrauen zu tun. Sondern mit Erfahrung.

Diesen Double-Check bei der Informationsgewinnung empfehle ich auch Ihnen. Sobald Sie Informationen bekommen haben, sollten Sie diese auf dem Information Board notieren und dann ein zweites Mal kontrollieren.

Die Informationsbeschaffung

Beschaffen Sie sich alle Informationen über Ihren Verhandlungspartner, sein Unternehmen, seine Kollegen, seine Vorgesetzten, seine Mitarbeiter. Sammeln Sie dabei alle Informationen, die Sie bekommen können, auch wenn diese zu diesem Zeitpunkt noch nicht relevant erscheinen mögen. Recherchieren Sie im Internet, tragen Sie den Namen Ihres Verhandlungspartners in die Suchmaschinen ein. Eine andere Möglichkeit besteht darin, seine Homepage zu besuchen und auf „Wir über uns“, „Unser Team“ oder Ähnliches zu klicken. Des Weiteren können Sie alle Kontaktpersonen fragen, die Ihren Verhandlungspartner kennen. Rufen Sie bei seiner Sekretärin an und holen Sie sich die Informationen, die Sie benötigen.

Nutzen Sie das Information Board

Verhandlungsführer der Polizei sitzen während der gesamten Zeitspanne einer Verhandlung meist sehr abgeschirmt und von anderen abgesperrt in einem Verhandlungszimmer. In diesem Zimmer hängt direkt im Blickfeld des Verhandlungsführers ein großes Stück Papier als Information

Board. Auf dieses Board werden **alle** Informationen für diese Verhandlung geschrieben. Wenn es sich beispielsweise um eine Geiselnahme handelt, dann werden alle Informationen über den Täter, die Geiseln, den Tatort, die Angehörigen der Geiseln sowie der Wetterbericht usw. notiert. Wichtig ist dabei, dass **alle** Informationen aufgeschrieben werden, auch diejenigen, die im ersten Moment nicht als relevant eingestuft werden.

Als Überschrift dieses Information Boards wird das Ziel der Verhandlung geschrieben. **Dick und auffällig steht das Ziel der Verhandlung über allen Informationen.**

Die Auffälligkeit des Verhandlungszieles hat zwei große Vorteile:

1. Der Verhandlungsführer weiß immer, in welche Richtung er zu verhandeln hat. Er kann alle Informationen sehr schnell aufnehmen, kategorisieren und auf das Information Board schreiben.
2. In Phasen mit einer hohen Stressdosis wird er weiter zielgerichtet agieren und nicht emotional reagieren.

Das Information Board ist das einfachste und wirksamste Werkzeug des Knowledge Managements. Wenn Sie in einem Team verhandeln, dann müssen alle Informationen immer für alle Teammitglieder sichtbar sein. Es gibt sehr aufwendige Software-Lösungen, um das Wissen der einzelnen Mitarbeiter abzuspeichern und aufzurufen. Es kann natürlich nur das abgerufen werden, was eingegeben worden ist. Es ist ernüchternd, aber meine Erfahrung hat gezeigt, dass dieses einfachste Mittel mit dem Information Board – ein großes Blatt Papier – besser geeignet ist als die beste Knowledge-Management-Software.

Der Double-Check

Überprüfen Sie in einem weiteren Schritt alle Informationen mit dem Double-Check. Wenn Sie beispielsweise herausfinden, dass Ihr Verhandlungspartner in seinem Unternehmen eine Time-Line für Ihre Verhandlung festgelegt hat, dann sollten Sie diese Information unbedingt noch aus einer zweiten Sichtweise heraus überprüfen. Möglicherweise ist er sehr unvorsichtig mit dieser Information umgegangen. Oder diese Information ist dazu gedacht, Sie in die Irre zu führen.

Überprüfen Sie deshalb diese Information doppelt und Sie werden wahrheitsgetreue Informationen als Verhandlungsgrundlage benutzen können.

Prüfen Sie jede Information doppelt

Informationen sammeln

- Sammeln Sie alle Informationen, die Sie bekommen können – auch die zu diesem Zeitpunkt noch nicht relevanten

Nutzen Sie das Information Board

- Notieren Sie alle – auch noch nicht relevante – Informationen

Nutzen Sie den Double-Check

- Führen Sie bei allen Informationen den Double-Check durch – d.h. überprüfen Sie bitte den Wahrheitsgehalt aus mindestens zwei Sichtweisen

4 Verhandeln Sie in einem Team

Ein Verhandlungsführer der Polizei verhandelt nie alleine. Und das hat einen guten Grund. Wer alleine verhandelt, ist rational und vor allem emotional sehr stark in die Verhandlung eingebunden. Er ist auf sein Verhandlungsziel fixiert und hat deshalb seine Strategie und seine Argumente ständig präsent. Diese Präsenz ist sehr gut für ein zielgerichtetes Verhandeln – und sehr schlecht für ein analytisches Zuhören.

Analytisches Zuhören – also nicht nur das Hinhören, sondern auch das Hineinhören – ist nur möglich, wenn Sie einen Teil Ihrer Konzentration auf das Gegenüber verwenden können. Bei sehr stressigen und emotional geführten Verhandlungen – wie Geiselnahmen – kann es sein, dass der Verhandlungsführer durch sein zielgerichtetes Verhandeln das Zuhören und damit wichtige Chancen vernachlässigt.

Deshalb wird bei polizeilichen Verhandlungen der Verhandlungsführer beim Zuhören und beim strategischen Vorgehen unterstützt. Polizeiliche Verhandlungen werden im Team geführt.

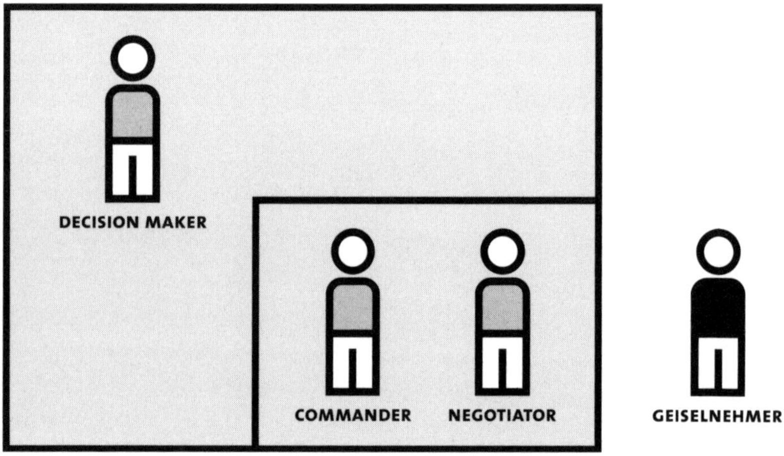

Die Dreiteilung wurde von der FBI-Academy entwickelt, deshalb werden in diesem Kapitel die englischen Begriffe benutzt.

Die Rolle des Negotiators

Ein Negotiator ist der einzige direkte Ansprechpartner für das polizeiliche Gegenüber. Er stellt sich persönlich oder telefonisch als Verhandlungsführer mit seinem Namen vor. Er stellt gleich zu Beginn klar, dass er der alleinige Ansprechpartner für diese Verhandlung sein wird. Zusätzlich weist er darauf hin, dass aus rechtlichen Gründen einige wichtige Entscheidungen nicht von ihm alleine, sondern von der Einsatzleitung bzw. der Staatsanwaltschaft getroffen werden müssen. Der Negotiator entscheidet bei Teamverhandlungen nicht alleine! Er kann lediglich jene Bereiche entscheiden, die ihm der Commander bzw. der Decision Maker einräumen, beispielsweise das Gewähren von Lebensmitteln, Getränken und Zigaretten. Das Austauschen von Geiseln fällt jedoch nicht mehr in seinen Aufgabenbereich.

Seine Aufgaben:

- Er stellt sich persönlich mit Vor- und Zunamen vor.
- Er macht seine Verantwortung für die Verhandlung deutlich.
- Er macht bereits zu Beginn auf übergeordnete Instanzen aufmerksam.
- Wenn er eine Entscheidung nicht treffen kann, dann verweist er aus rechtlichen Gründen auf die höhere Instanz, ohne seine persönliche Kompetenz zu mindern.

Die Rolle des Commanders

Ein Commander ist auch ein Verhandlungsführer der Polizei, also ein Kollege des „sprechenden" Negotiators. Es ist nicht zwingend notwendig, dass dieser Commander ein Vorgesetzter ist. Meist wird es ein sehr erfahrener Kollege sein.

Seine Aufgabe besteht darin, die Verhandlung mit einer bestimmten Distanz zu verfolgen. Er sitzt am gleichen Tisch wie der Negotiator, hört mit einem Headset die Verhandlung mit, greift jedoch nie direkt in die Verhandlung ein.

Der Umstand, dass er nicht sofort reden, antworten und argumentieren muss, verschafft ihm viel gedanklichen Freiraum. Er hört mehr oder andere Aspekte als der Negotiator. Einmal weil er mit mehr Distanz zuhört, zum anderen, weil er durch seine Persönlichkeit und Erfahrung eine andere Sichtweise hat.

Seine Aufgaben:

- Er hat bei Verhandlungen per Telefon keinerlei Kontakt zu dem polizeilichen Gegenüber, dieser weiß auch nichts von der Existenz des Commanders.
- Bei Face-to-Face-Verhandlungen bleibt er nach einer kurzen Vorstellung im Hintergrund. Er hört genau zu, notiert den Verlauf der Verhandlung mit, greift jedoch nicht in die Verhandlung ein. Bei gezielten Fragen an ihn bleibt er ungenau und verweist auf die Verantwortung des Negotiators.
- Er schreibt die Verhandlung in Stichworten mit – die Verhandlung selbst wird mittels Tonband aufgezeichnet.
- Er sagt dem Negotiator, was er gehört hat.
- Er sagt auch, wie er diese Informationen interpretiert.
- Er gibt dem Negotiator Tipps, um neue Alternativen einzubringen.
- Er unterstützt den Negotiator emotional, indem er ihm beispielsweise durch ein Nicken in einer stressigen Verhandlung seine Zustimmung signalisiert.

Die Rolle des Decision Makers

Ein Decision Maker entscheidet in letzter Instanz über das weitere Vorgehen. Der Unterschied zwischen dem Decision Maker und dem Commander besteht darin, dass der Decision Maker „Ja“ sagen kann, wenn alle anderen „Nein“ sagen. Und er kann „Nein“ sagen, wenn alle anderen „Ja“ sagen.

Er ist auch derjenige, der die Entscheidung und damit die Folgen zu verantworten hat.

Bei polizeilichen Einsätzen ist dies der Einsatzleiter. Ihm unterstehen die Leiter der jeweiligen Spezialgruppen wie PSK (Präzisionsschützenkommando) oder SEK (Sondereinsatzkommando).

Seine Aufgaben:

- Er trifft die Entscheidung.
- Er trägt die Verantwortung für diese Entscheidung.

Diese Aufteilung in Negotiator, Commander und Decision Maker empfehle ich auch für Business-Verhandlungen.

Business-Negotiator

Dieser Negotiator kann ein Kollege oder Mitarbeiter von Ihnen sein. In der internen Hierarchie wird er gleichberechtigt, besser jedoch noch unter Ihnen angesiedelt sein.

Sehr wichtig ist, dass Sie ihm die Verhandlungsziele klar und unmissverständlich mitteilen. Er muss genau über die minimalen und maximalen Ziele, die Strategie und die taktischen Schritte Bescheid wissen. Vor allem müssen Sie die Verantwortung seiner Verhandlung genau abgrenzen und ihm Folgendes klar darlegen:

- Was darf er verhandeln und was nicht?
- Was darf er zusagen und was nicht?
- Was darf er ablehnen und was nicht?

Diese Verantwortung muss schriftlich fixiert und am besten während der Verhandlung für den Business-Negotiator sichtbar sein.

Wenn der Negotiator einen Fehler begeht, ist es für Sie als Commander oder Decision Maker nicht weiter schlimm. Sie können ihn jederzeit austauschen. Wenn der Negotiator in seinem Ermessensspielraum zu weit gegangen ist und vielleicht zu viele Zugeständnisse gemacht hat, dann können Sie ihn durch einen anderen ersetzen. Die gemachten Zugeständnisse sind an seine Person gebunden und noch nicht rechtlich fixiert. Auch wenn Sie bemerken, dass Ihr Negotiator der Situation nicht gewachsen ist – wechseln Sie ihn einfach aus.

Der „Worst Case“ wäre, wenn Sie als Commander, als Unterzeichnungsberechtigter oder gar als Decision Maker eine falsche Entscheidung treffen würden. Diese ist dann verbindlich und muss eingehalten werden.

Bauen Sie deshalb als „Firewall“ bei schwierigen Verhandlungen einen Negotiator vor sich auf. Wenn dieser „verbrennt“, ist es zwar bedauerlich, aber nicht weiter schlimm. Sie können sich immer hinter diesem „Firewall“ verstecken und falsche Entscheidungen Ihres Negotiators bedauern und auch entschuldigen. Nur einhalten müssen Sie diese Vereinbarungen nicht. Und darauf kommt es an!

Die Aufgaben des Business-Negotiators:

- Er stellt sich persönlich mit Vor- und Zunamen vor.
- Er macht seine Verantwortung für die Verhandlung deutlich.
- Er macht bereits zu Beginn auf übergeordnete Instanzen aufmerksam, beispielsweise weist er darauf hin, dass die Entscheidung über dieses Investitionsvolumen vom Vorstand getroffen wird.
- Wenn er eine Entscheidung nicht treffen kann, dann verweist er aus rechtlichen Gründen auf die höhere Instanz, ohne seine persönliche Kompetenz zu mindern.

Die Aufgaben des Business-Commanders:

- Bei Face-to-Face-Verhandlungen bleibt er nach einer kurzen Vorstellung im Hintergrund. Er hört genau zu, notiert den Verlauf der Verhandlung mit, greift jedoch nicht in die Verhandlung ein.
- Bei gezielten Fragen an ihn bleibt er ungenau und verweist auf die Verantwortung des Negotiators.
- Er schreibt die Verhandlung in Stichworten mit.
- Das Aufzeichnen der Verhandlung auf einen Tonträger ist ohne Zustimmung des Verhandlungspartners strafbar! Also bitte nur mitnotieren und nicht „versteckt“ aufzeichnen.
- Er sagt dem Negotiator, was er gehört hat.
- Er sagt auch, wie er diese Informationen interpretiert.
- Er gibt dem Negotiator Tipps, um neue Alternativen einzubringen.
- Er unterstützt den Negotiator emotional, indem er ihm beispielsweise durch ein Nicken in einer stressigen Verhandlung seine Zustimmung signalisiert.

Die Aufgaben des Business-Decision-Makers:

- Er trifft die Entscheidung.
- Er trägt die Verantwortung für diese Entscheidung.

Verhandeln Sie in einem Team

Der Business-Negotiator

- Macht seine Verantwortung für die Verhandlung deutlich
- Weist bereits zu Beginn auf die höheren Instanzen hin
- Verweist aus taktischen Gründen auf die höhere Instanz, ohne seine persönliche Kompetenz zu mindern

Der Business-Commander

- Bleibt im Hintergrund
- Greift nur ein, wenn der Negotiator die vereinbarten Linien überschritten hat
- Überwacht die Verhandlung

Der Business-Decision-Maker

- Trifft die Entscheidung
- Trägt die Verantwortung für diese Entscheidung

5 *Checkliste zur Vorbereitung*

Bereiten Sie die Verhandlung mit einer Checkliste vor

Was zeichnet einen guten Verhandlungsführer aus? Es sind sicher die professionelle Vorbereitung, der gelungene Einstieg sowie das Verhandeln nach den Grundsätzen der Reziprozität. Und es ist noch mehr: **es ist die absolute Konzentration auf den Verhandlungspartner!**

Es kann sich aber nur derjenige auf den anderen konzentrieren, der sich selbst zurücknehmen kann und nicht mit sich selbst beschäftigt ist. Wer sich selbst nicht kennt, ist eine leichte Beute für den Verhandlungspartner. Dieser kann Sie mit der gezielten Erfüllung Ihrer Bedürfnisse – oder mit der gezielten Verweigerung Ihrer Bedürfnisse – sehr leicht steuern und manipulieren.

Sobald Sie Ihre eigenen Bedürfnisse und Wünsche analysiert und erkannt haben, wissen Sie um Ihre möglichen wunden Stellen – und können diese schützen. Mit der folgenden Checkliste können Sie Ihre Bedürfnisse und Wünsche analysieren und somit erkennen. Wenn Sie die Gefahr erkannt haben, haben Sie die Gefahr auch gebannt. Eine Grundvoraussetzung der Manipulation ist, dass Sie zu einem Verhalten verleitet werden, das Sie nicht bewusst erkennen. Jede Manipulation ist wirkungslos, wenn Sie diese durchschaut haben.

Damit Sie die Bedürfnisse und Wünsche des Verhandlungspartners gezielt erfüllen oder verweigern können, ist es notwendig, auch diese zu analysieren. Mit der folgenden Checkliste können Sie versuchen, sich bereits vor der Verhandlung in den anderen hineinzuversetzen.

Fragenkatalog zur Vorbereitung einer Verhandlung

- Welche Position vertritt Ihr Verhandlungspartner?
- Welche Forderungen richtet er an Sie?
- Welche Motive vermuten Sie hinter seinen Forderungen?
- Welche Personen sind auf meiner Seite an dem Ergebnis interessiert?

- Welche Personen sind auf der „anderen Seite" an dem Ergebnis interessiert?
- Welche Motive habe ich?
- Welche Motive haben die Personen, die an dem Ergebnis interessiert sind?
- Warum habe ich diese Motive?
- Warum hat der Verhandlungspartner diese Motive?
- Welchen Nutzen erwartet mein Verhandlungspartner?
- Welchen Nutzen kann ich ihm geben?
- Wie kann ich den Nutzen für mich vergrößern?
- Wie kann ich den Nutzen für den Verhandlungspartner vergrößern?
- Was bin ich bereit aufzugeben?
- Welchen Zeitrahmen habe ich für die Verhandlung?
- Welche Fristen gibt es?
- Welche formellen Voraussetzungen brauche ich für die Vereinbarung?
- Welche Inhalte erwartet Ihr Verhandlungspartner?
- Welche Fragen müssen beantwortet werden, damit die Vereinbarung umgesetzt werden kann?
- Was will ich erreichen?
- Was will mein Verhandlungspartner erreichen?
- Welche Differenzen gibt es?
- Welche Gemeinsamkeiten gibt es?
- Wo ist ein Kompromiss möglich?
- Wo ist kein Kompromiss möglich?
- Was kann ich anbieten, was die andere Seite interessiert?
- Meine Argumente:
- Was spricht aus meiner Sicht dafür?
- Was spricht aus meiner Sicht dagegen?
- Seine Argumente:
- Was spricht von Seiten des Verhandlungspartners dafür?
- Was spricht von Seiten des Verhandlungspartners dagegen?
- Welches Maximalziel haben Sie für Ihre Verhandlung?
- Welches Minimalziel (die absolute Untergrenze) haben Sie für Ihre Verhandlung?
- Welche Strategien haben Sie bisher für Ihre Verhandlung benutzt?

- Welche Taktiken haben Sie bisher für Ihre Verhandlung benutzt?
- Welche Beziehung wünschen Sie sich nach der Verhandlung zu Ihrem Gegenüber?
- Mit welcher Verhandlungsstrategie fühlen Sie sich wohl?
- Welche Folgen hätte eine zufrieden stellende Vereinbarung?
- Welche Folgen hätte ein Scheitern der Vereinbarung?
- Welchen Zeitrahmen benötigen Sie für Ihre Verhandlung?
- Ist eine Beschränkung der Verhandlungszeit für Sie sinnvoll?
- Wenn ja, wie argumentieren Sie für diese Beschränkung?
- An welcher Stelle hat sich die Verhandlung für mich negativ entwickelt?
- An welcher Stelle hat sich die Verhandlung für mich positiv entwickelt?
- Wie können Sie Ihre Macht darstellen?
- Was könnte ich tun, damit das Kräfteverhältnis ausgeglichen wird?
- Was werde ich wirklich tun, damit das Kräfteverhältnis ausgeglichen wird?
- Warum werde ich das tun?
- Was könnte mein Verhandlungspartner tun, damit das Kräfteverhältnis ausgeglichen bleibt?

Dieser Fragenkatalog steht im Internet unter www.schranner.com/service zum Download bereit.

Checkliste zur Vorbereitung

Es kann sich nur derjenige auf den Verhandlungspartner konzentrieren, der sich selbst gut kennt und nicht mit sich selbst beschäftigt ist.

Erkennen Sie in der Vorbereitung bereits

- die Forderungen
- die Motive
- die Ziele
- die Argumente
- die Gemeinsamkeiten
- die Gegensätze

Dieser Fragenkatalog steht im Internet unter www.schranner.com/service zum Download bereit.

Teil 2

Die Strategie

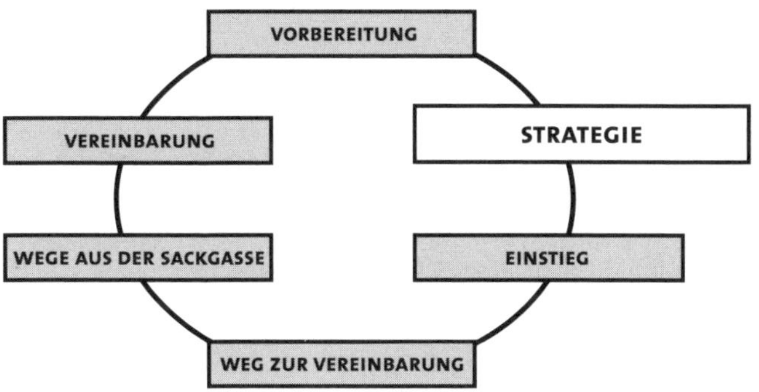

6 *Formulieren Sie Ihre Strategie*

„Ich bringe meine Frau jetzt mit dem Messer um!“, schrie der Mann, der auf der Couch saß, den beiden Polizeibeamten zu. Er hatte ein Messer in der Hand und fuchtelte damit durch die Luft. Seine Frau war fremdgegangen und er sah keine Chance mehr für die gemeinsame Zukunft. Seine Frau saß auch auf der Couch, ca. einen Meter von ihm entfernt. Er war deutlich alkoholisiert, leere Schnapsflaschen standen auf dem Wohnzimmertisch vor ihm. Mein Kollege und ich wurden zur Unterstützung gerufen. Als wir eintrafen, saßen die beiden Polizeibeamten auf einer gegenüberstehenden Couch und sprachen sehr ruhig mit dem Mann.

Welche Strategie ist nun die richtige für diese Verhandlung? Druck aufbauen oder Druck herausnehmen, Vertrauen aufbauen oder Stärke demonstrieren, auf eine schnelle Einigung drängen oder auf Zeitgewinn spielen?

Die Strategie gibt den Korridor vor

Eine **Strategie** ist eine gedankliche Leitlinie, eine Art Leitplanke, die Sie von Ihrer derzeitigen Position zu Ihrem Ziel bringen soll. Sie legt den Korridor fest, in dem Sie sich bewegen dürfen. Die **Taktik** ist die konkrete Umsetzung in der jeweiligen Situation.

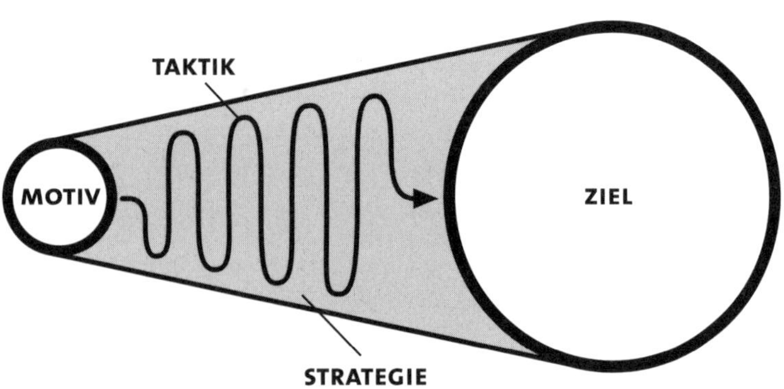

Das Spiel auf Zeitgewinn wäre eine Strategie, in der die jeweilige Taktik zum Tragen kommt. Das Vortäuschen eines notwendigen Anrufs beim Staatsanwalt wäre ein taktischer Schritt in dem vorgegebenen Korridor.

Die grundsätzlichen Überlegungen

Eine Hilfestellung für den Einsatz der richtigen Strategie bieten die folgenden vier Fragen:

1. Wie ist die Macht verteilt?
2. Wie wichtig ist mir die Verhandlung – wie wichtig ist sie dem Verhandlungspartner?
3. Wie soll das Verhältnis nach der Verhandlung sein?
4. Wie viele Gemeinsamkeiten gibt es?

1. Wie ist die Macht verteilt?

Macht in der Verhandlung ist abhängig von

- einer großen Anzahl von Alternativen
- einem großen Bewegungsspielraum bzw. Verantwortungsbereich
- einer hohen Glaubwürdigkeit
- dem Zugang zu Informationen
- einem hohen Fachwissen
- der Möglichkeit zu Sanktionen.

Eine große Anzahl von Alternativen

Je größer Ihre Macht, desto leichter können Sie die Führung in der Verhandlung übernehmen. Sorgen Sie bitte deshalb bereits vor der Verhandlung für eine große Anzahl von Alternativen. Nur wer in der Lage ist, flexibel das richtige Werkzeug aus dem Werkzeugkasten zu nehmen, wird die Führung übernehmen und behalten können. In dem oben angeführten Fall hatten wir viele Alternativen: lange reden, weiteren Alkohol verwehren, weiteren Alkohol anbieten, mit unmittelbarem Zwang – also mit körperlicher Gewalt – überrumpeln, mit Tränengas einsprühen, mit der Pistole auf ihn schießen, das SEK (Sondereinsatzkommando) alarmieren usw.

Großer Bewegungsspielraum bzw. Verantwortungsbereich

Je größer Ihr Verantwortungsbereich, desto mehr Macht haben Sie in der Verhandlung. Ein Negotiator hat einen klaren Verantwortungsbereich – beispielsweise Lebensmittel, Getränke und Zigaretten –, aber keine große Macht. Der Commander hat mehr Macht, weil er wichtigere Dinge – wie beispielsweise den Austausch der Geisel – verantworten kann. Der Decision Maker hat die meiste Macht, er kann jederzeit einschreiten und die Verhandlung durch ein „Ja" oder „Nein" beeinflussen.

In der beschriebenen Geiselnahme hatten wir einen sehr großen Verantwortungsbereich. Nachdem der Geiselnehmer die Frau mit einem Messer bedroht, die Tötungsabsicht bereits geäußert hatte und alle rechtlichen Voraussetzungen für ein Einschreiten gegeben waren, konnten wir im Rahmen der Strafprozessordnung und des Polizeiaufgabengesetzes alle Register ziehen.

Hohe Glaubwürdigkeit

Eine hohe Glaubwürdigkeit verdienen Sie sich nicht über Nacht. Glaubwürdigkeit heißt, dass Ihr Verhandlungspartner Ihnen vertrauen und glauben kann. Bedenken Sie bitte, dass die Welt sehr klein geworden ist und jede Unglaubwürdigkeit von Ihnen sich wie ein Buschfeuer sehr schnell verbreiten wird. Wenn Sie also einen Verhandlungspartner „über den Tisch ziehen", dann weiß es sehr schnell die gesamte Firma, die Branche oder der Freundeskreis.

Auch bei der Polizei und beim polizeilichen Gegenüber waren unsere Namen bekannt – und mit einer hohen oder geringen Glaubwürdigkeit belegt.

„Ist der Ruf einmal ruiniert, lebt es sich gänzlich ungeniert." Sorgen Sie bitte immer dafür, dass Ihr Ruf als Verhandlungsführer tadellos und glaubwürdig ist und bleibt.

Zugang zu Informationen

Wissen ist Macht. Dem ist nichts hinzuzufügen.

Hohes Fachwissen

Ein hohes Fachwissen ist Macht. Auch dem ist nichts hinzuzufügen.

Möglichkeit zu Sanktionen

In unserem Fall mit dem Geiselnehmer und seiner Frau als Geisel hatten wir die Möglichkeit zu Sanktionen. Prüfen Sie bitte sehr genau, ob Sie Sanktionen einleiten wollen. Jede Sanktion beinhaltet Druck – und Druck erzeugt Gegendruck. Sanktionen können auch eine inflationäre Wirkung haben. Wenn Sie beispielsweise oft mit Gehaltskürzung, disziplinarischen Maßnahmen, Rücktritt, Auslistung usw. arbeiten, dann werden diese Sanktionen Ihre Wirkung verlieren. Nicht weil die Sanktion an sich an Wirkung verliert, sondern weil sich Ihr Verhandlungspartner darauf einstellen und vorbereiten kann. Er wird seine Strategie so wählen, dass er um die Sanktion herumkommt.

Wichtig ist auch, dass Sie Sanktionen ankündigen, also meist androhen müssen. Wenn Sie eine Drohung aussprechen, dann müssen Sie diese Drohung auch umsetzen, sonst machen Sie sich lächerlich. Drohen Sie so selten wie möglich, benutzen Sie lieber die Warnung. Doch dazu später in Kapitel 15 „Drei Möglichkeiten, um aus der Sackgasse herauszukommen".

2. Wie wichtig ist mir die Verhandlung?

Diese Frage ist für die Polizei sehr einfach zu beantworten: „Ein Scheitern kommt nicht in Frage!" Wir hatten die Verantwortung für die Geisel, den Geiselnehmer und natürlich auch für unsere Kollegen und uns.

Sie sollten sich diese Frage jedoch gründlich überlegen. Lohnt es sich wirklich? Geht es wirklich um eine Sache oder mehr um emotionale Aspekte? Spielt nicht bloß verletzter Stolz eine Rolle? Ist die Harmonie getrübt? Fühlen Sie sich enttäuscht?

3. Wie soll das Verhältnis nach der Verhandlung sein?

Diese Frage war in unserem Fall weniger wichtig. Natürlich soll man immer so verhandeln, dass man sich auch nachher noch in die Augen schauen kann. Man trifft sich ja immer zweimal im Leben. Aber in diesem speziellen Fall war es nicht die erste Priorität.

In Ihren Verhandlungen ist diese Frage jedoch von großer Bedeutung. Möchten oder müssen Sie nach der Verhandlung noch Kontakt zu Ihrem Verhandlungspartner haben? Bitte prüfen Sie diese Frage genau, Sie wissen ja: „Ist der Ruf einmal ruiniert, …"

4. Wie viele Gemeinsamkeiten gibt es?

Im Fall der Geiselnahme war es sehr interessant, diese Frage zu beantworten. Gemeinsamkeiten gab es sehr viele: Der Geiselnehmer wollte unverletzt und mit wenig Konsequenzen für seine Zukunft aus dieser Situation herauskommen. Seine Frau wollte er nicht verletzen oder töten, sonst hätte er es bereits getan. Auch wir wollten unverletzt aus dieser Situation herauskommen.

Welche Strategie soll nun gewählt werden? Alle Menschen sind anders, alle Verhandlungssituationen sind anders. Es ist unmöglich, für all Ihre Verhandlungen eine passende Strategie bereitzuhalten. Es ist allerdings möglich, die wichtigsten Strategien zu beschreiben und Ihnen damit eine Hilfestellung für die Formulierung Ihrer Strategie anzubieten.

Die fünf Alternativen als Eckpfeiler

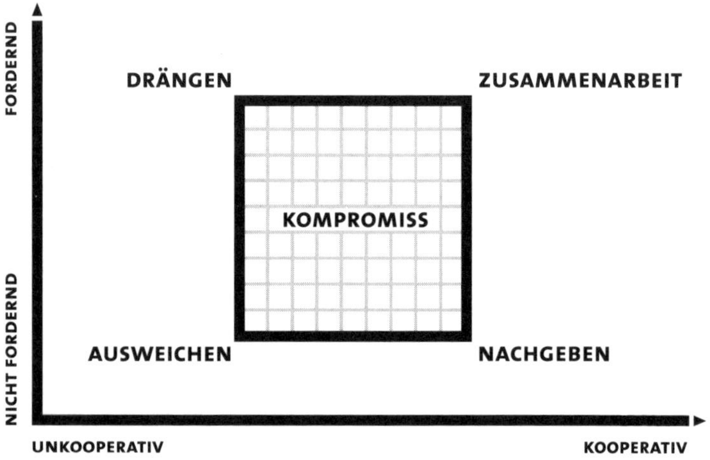

Drängen

Das Drängen auf das maximale Ziel führt den Verhandlungspartner zwangsweise – also mit Zwang – in eine Verliererposition. Es ist fordernd und unkooperativ. In Ein- und Verkaufsverhandlungen wird diese Strategie sehr gerne genutzt. Druckausübung mit Wettbewerbsangeboten, Drohungen mit Auslistungen und gegenseitiges Ausspielen werden oft praktiziert. Leider? Nein. Es gehört zum Spiel. Bedenken Sie bitte, dass die Macht beim Abschluss vom Einkäufer auf den Lieferanten, also Verkäufer, übergeht.

Ausweichen

Das Ausweichen ist nicht fordernd und unkooperativ. Sie können es dann anwenden, wenn Sie die Verhandlung von einem Spielfeld auf ein anderes Spielfeld verlagern wollen. Oder wenn Sie Zeit gewinnen und die Verhandlung erst einmal „auf Eis" legen möchten. Sie tun einfach nichts mehr dafür oder dagegen – fordern nichts und kooperieren auch nicht. Machen Sie dies aber bitte bewusst! Ein Reagieren aus einer Stresshaltung heraus wäre nicht zielgerichtet und würde Sie deshalb auch nicht weiterbringen.

Nachgeben

Beim Nachgeben sind Sie nicht fordernd und kooperativ. Es ist das Gegenteil des Drängens. Sie opfern Ihre eigenen Interessen. Auch das kann sinnvoll sein, wenn Sie dafür in anderen Bereichen punkten können. Wenn Sie nichts dafür bekommen und immer nur nachgeben, dann kann Ihnen keiner mehr helfen.

Zusammenarbeit

Die Zusammenarbeit ist fordernd und kooperativ, es handelt sich um die klassische win-win-Situation. Als Verhandlungstechnik hierzu ist die Anwendung der Reziprozität die Grundvoraussetzung. Diese Reziprozität lernen Sie in Kapitel 12 „Die konstruktive Konfrontation" kennen und lieben.

Kompromiss

Der Kompromiss liegt in der Mitte. In der Mitte von fordern und nicht fordern, von kooperativ und nicht kooperativ. Wenn Sie damit leben können, na bitte. Sie können die Verhandlung bewusst zum Kompromiss führen, indem Sie beim Einstieg bereits den Weg zur Mitte einschlagen (siehe Kapitel 8 „Drei taktische Alternativen des Einstiegs“).

Formulieren Sie Ihre Strategie

Überlegen Sie bitte Folgendes:

- Wie ist die Macht verteilt?
- Wie wichtig ist mir die Verhandlung – wie wichtig ist sie dem Verhandlungspartner?
- Wie soll das Verhältnis nach der Verhandlung sein?
- Wie viele Gemeinsamkeiten gibt es?

Wählen Sie Ihre Strategie aus den fünf grundsätzlichen Möglichkeiten

- Drängen
- Ausweichen
- Nachgeben
- Zusammenarbeit
- Kompromiss

Teil 3

Der Einstieg in die Verhandlung

7 Taktieren Sie beim Einstieg

Warm-up

Der Einstieg beginnt mit einem Warm-up, dem Beginn einer persönlichen Beziehung. Diese persönliche Beziehung sollte von gegenseitigem Respekt und Vertrauen geprägt sein. Steigen Sie deshalb sehr ruhig und zurückhaltend in dieses Warm-up ein. Vermeiden Sie es, bereits jetzt die Karten auf den Tisch zu legen oder gar eine Verhandlungsposition zu beziehen. Stellen Sie Ihre Person und Persönlichkeit vor und vermeiden Sie es tunlichst, bereits bei der Vorstellung Angriffspunkte anzubieten.

Vermeiden Sie beim Warm-up Gespräche über

- Politik
- Religion
- Rasse
- Geld
- Krankheit

Stellen Sie sich mit Ihrem Verantwortungsbereich vor

Stellen Sie sich in Business-Verhandlungen mit Namen, Ihrem Unternehmen und – jetzt kommt es: **mit Ihrem Verantwortungsbereich vor**. Betonen Sie Ihre Verantwortung für einen begrenzten Bereich. Damit machen Sie deutlich, dass Sie für diesen Bereich die Verantwortung tragen und entscheiden können. Diese Verantwortung impliziert auch, dass Sie für einen anderen Bereich nicht verantwortlich sind – und somit haben Sie bereits jetzt klare Richtlinien festgelegt.

Hinterfragen Sie die Kompetenz Ihres Verhandlungspartners

Hinterfragen Sie bei der Vorstellung Ihres Verhandlungspartners auch dessen Kompetenz und versuchen Sie herauszufinden, in welcher Rolle er an den Verhandlungstisch geht. Ist er Negotiator, Commander oder Decision Maker?

Natürlich sollten Sie zu Beginn nicht gleich zu tief in die Verhandlung einsteigen, hinterfragen Sie jedoch geschickt, welche Bereiche Ihr Partner verantworten kann – Verantwortung beinhaltet Antwort geben – und in welchen Bereichen er Dritte hinzuziehen muss.

Eine Fragestellung finde ich in dieser Phase sehr hilfreich: „Wer, außer Ihnen, wird an der Entscheidung noch beteiligt sein?" Bitte vergessen Sie auf keinen Fall die Formulierung „außer Ihnen". Sie laufen sonst Gefahr, seine Kompetenz bereits in dieser Phase in Frage zu stellen. Das können Sie schon tun, aber erst später.

Unterschätzen Sie bitte die Wichtigkeit dieses „Smalltalks" nicht. Ein geschickter Verhandlungspartner wird Sie in diesem Warm-up loben und seiner Freude Ausdruck verleihen, gerade mit Ihnen hier verhandeln zu dürfen. Er habe schon viel von Ihnen gehört und er wird Ihnen schmeicheln, dass Ihnen ein Ruf als professioneller Verhandlungsführer vorauseilt.

Spätestens jedoch zu diesem Zeitpunkt müssen alle Alarmglocken klingeln! Wenn Sie jetzt nicht aufpassen, werden Sie den Lobgesang entgegennehmen und bestätigen, wie wichtig Sie sind und welch große Verantwortung Sie zu tragen haben. Sie übertreten die vereinbarten Linien zwischen Negotiator, Commander und Decision Maker und setzen bereits beim Warm-up die gesamte Vorbereitung außer Kraft.

Kulturelle Besonderheiten

Dieser Aufbau einer persönlichen Beziehung hängt sehr stark von der Kultur ab, in der Sie sich bewegen. In Deutschland können Sie meist nach einem kurzen Warm-up zum nächsten Schritt ansetzen. Das spiegelt sich auch im Business-Knigge für Geschäftsessen wider. Mit deutschen Verhandlungspartnern können Sie bereits nach der Vorspeise mit der Verhandlung beginnen. Mit einem italienischen Verhandlungspartner dürfen Sie auf gar keinen Fall vor dem Espresso auf das eigentliche Thema Ihres Zusammentreffens zu sprechen kommen. In arabischen oder asiatischen Ländern ist dieser Beziehungsaufbau alles. Der eigentliche Verhandlungsgegenstand wird nahezu nebenbei besprochen.

Ein tieferes Einsteigen in die kulturellen Besonderheiten würde den Rahmen dieses Buches sprengen. Unter www.schranner.com/service/literaturempfehlung finden Sie weiterführende Literatur.

Vereinbaren Sie Spielregeln

Seminarteilnehmer fragen mich gerne, was ich tun würde, wenn ein Geiselnehmer nicht auf meine Vorschläge eingehen würde, eine Geisel zerstückeln würde und erst einen Daumen, dann ein Ohr und dann eine ganze Hand zu mir senden würde, um die Forderungen und Drohungen zu untermauern.

So etwas ist noch nie passiert und wird auch nie passieren. Es kann nicht vorkommen, weil zu Beginn einer Verhandlung die Spielregeln aufgestellt werden. Bei einer Geiselnahme lautet eine Spielregel: „Jede Anwendung von Gewalt entzieht jede Verhandlungsgrundlage!" Oder noch deutlicher: Wenn der Geiselnehmer der Geisel auch nur ein Haar krümmt, wird sofort gestürmt oder geschossen. Das versteht jeder. Und akzeptiert auch jeder. Im Negotiator sehen die Geiselnehmer den einzigen Verbündeten und wären sehr ungeschickt, wenn sie diesen Verbündeten durch die Anwendung von Gewalt verlieren würden.

Erstellen Sie eine Agenda

Natürlich können Sie mit Ihrem Verhandlungspartner nicht so hart umgehen. Spielregeln können Sie jedoch aufstellen, und zwar in Form einer Agenda. Versuchen Sie bitte vor jeder Verhandlung eine Agenda zu erstellen. Wer die Agenda erstellt, hat von Anfang an die Führung während der Verhandlung inne und kann Thema und Zeit bestimmen.

Als Gastgeber obliegt Ihnen das Recht der Agenda-Erstellung. Als Gast können Sie auch frühzeitig einen Vorschlag für die Agenda an den Gastgeber senden, viele Gastgeber akzeptieren das Erstellen der Agenda durch den Gast.

Wichtige Tipps zur Agenda-Erstellung

Formulieren Sie die Themen nur als Ausgangsposition

Wenn Sie beispielsweise als Geschäftsführer mit Ihrem Vertrieb verhandeln wollen, dann sollten Sie nur die Ausgangsposition des Problems in der Agenda formulieren. Sollte der Umsatz von Produkt A um 20% eingebrochen sein, dann sollten Sie schreiben: „Umsatzeinbruch Produkt A um 20%". Das ist deshalb wichtig, weil Sie bei allen anderen Formulierungen den Weg der Verhandlung bereits vorgeben und deshalb mit Widerstand rechnen müssen. Keiner lässt sich gerne schon mit der Einladung zu einer Verhandlung die Ergebnisse diktieren. Wenn Sie schreiben: „Verkaufsfördermaßnahmen für Produkt A", dann kann das bereits einen Vorwurf an die Vertriebsmannschaft implizieren. Sie sollten sich jedoch vor und bei Beginn der Verhandlung auf gar keinen Fall festlegen und eine Position beziehen. Vielleicht ist auch die Qualität oder die Positionierung des Produktes A schlecht und der mangelnde Umsatz hat nichts mit der Qualität der Vertriebsmannschaft zu tun. Mit einer neutralen Beschreibung des Problems liegen Sie immer richtig und vermeiden dadurch eine Festlegung vor der Verhandlung.

Verbinden Sie jedes Thema mit einer Zeitvorgabe

Wenn Sie für ein Thema beispielsweise 30 Minuten ansetzen, dann haben Sie das Recht, nach genau 30 Minuten die Diskussion zu stoppen – wenn Sie dies möchten. Und Sie haben das Recht, die Diskussion weiterzuführen – wenn Sie dies möchten. Auf alle Fälle können Sie mit einer klaren Zeitvorgabe die Verhandlung sehr gut lenken.

Vermeiden Sie schwammige Begriffe wie „Sonstiges"

Warum tauchen in einer Agenda oft Begriffe wie „Sonstiges", „Wünsche und Anregungen" oder „Verschiedenes" auf? Weil der Verfasser der Agenda schlecht vorbereitet ist. Bei einer guten Vorbereitung weiß er, was sonst – sonstiges – die Verhandlungspartner noch interessiert.

Nichtreaktion ist Akzeptanz

Formulieren Sie die Agenda im Vorfeld so, dass ein Nichtreagieren des Verhandlungspartners automatisch zur Akzeptanz führt. Senden Sie die Agenda im Voraus an Ihren Verhandlungspartner mit der Formulierung: „Wenn ich bis Donnerstag, den …, um ... nichts Gegenteiliges von Ihnen höre, gehe ich davon aus, dass diese Agenda auch für Sie in Ordnung ist. Vielen Dank.“

Taktieren Sie beim Einstieg

- Beginnen Sie mit einem Warm-up
- Stellen Sie sich mit Ihrem Verantwortungsbereich vor
- Hinterfragen Sie die Kompetenz Ihres Verhandlungspartners
- Vereinbaren Sie Spielregeln
- Erstellen Sie eine Agenda

8 Drei taktische Alternativen des Einstiegs

Sie stellen selbst eine hohe Forderung

Mit diesem Einstieg haben Sie den Vorteil, dass nun ein Eckpunkt auf dem Tisch liegt, der nicht mehr ignoriert werden kann. Sie zwingen Ihren Verhandlungspartner gleich zu Beginn in die Reaktion, er wird meist ein Statement zu dieser Forderung abgeben und damit wichtige Informationen preisgeben.

Wer hoch zielt, wird auch weit schießen.

Wer hoch einsteigt, wird auch viel erreichen.

Dies gilt aber nur unter bestimmten Voraussetzungen. Eine Voraussetzung dafür ist, dass Ihre Forderung noch realistisch sein muss, d.h. die „Zone of possible Agreement, ZOPA“ muss noch vorhanden sein. Sollten Sie fernab der ZOPA einsteigen, dann verliert Ihre fulminante Forderung sehr schnell an Macht. Wir befinden uns am Anfang einer Verhandlung und können die ZOPA meist noch nicht einschätzen. Mit langjährigen Verhandlungspartnern und einer damit verbundenen Erfahrung über die realistischen Ziele können Sie diesen Einstieg sicher eher wagen.

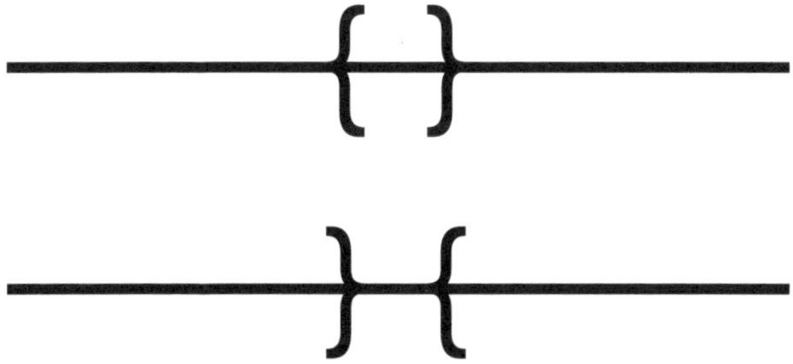

In der oberen Grafik sehene Sie zwischen den beiden Klammern den Bereich, in dem eine Einigung möglich ist – die „Zone of possible Agreement“. Je größer dieser Bereich ist, desto leichter können Sie zu einer Vereinbarung kommen. In der unteren Grafik sehen Sie zwei unvereinbare Verhandlungsbereiche, hier ist keine Einigung möglich.

Eine zweite Voraussetzung besteht darin, dass grundsätzlich jede Waffe eine maximale Reichweite hat. Die Reichweite ist abhängig vom Winkel. Wenn Sie sehr hoch zielen, dann fliegt die Kugel zwar hoch, aber nicht weit.

Wenn Sie zu niedrig zielen, nutzen Sie zwar den Winkel für sich, vergeuden aber vielleicht die Kraft des Schusses, weil Sie die Möglichkeiten nicht ausschöpfen.

Die Kunst in dieser Alternative des Einstieges liegt darin, die Reichweite und den dazugehörigen Winkel zu kennen. Wer mit der Forderung zu hoch zielt, wird einen guten Showeffekt verbuchen können, als unrealistisch abgestempelt werden und gleich zu Beginn der Verhandlung als inkompetent dastehen. Wer allerdings zu tief einsteigt, wird die Möglichkeiten der Verhandlung nicht ausschöpfen können.

Wer sich eine realistische und hohe Forderung zu Beginn der Verhandlung zutraut, sollte diesen Einstieg wagen. Die Überraschung und die Reaktion der gegenüberliegenden Seite sind Ihnen sicher.

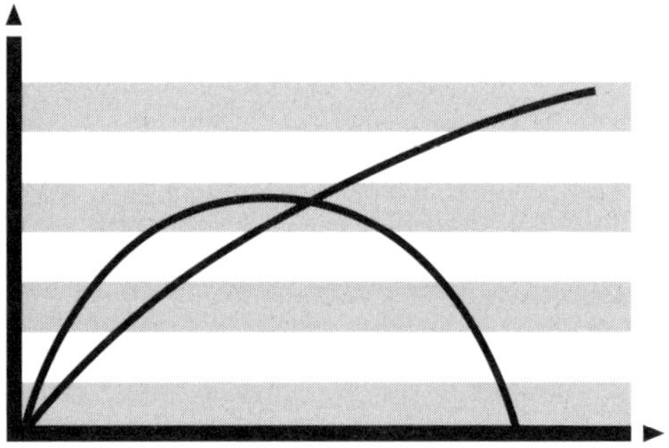

Sie warten auf die Forderung und spielen auf „Treffen in der Mitte“

Übernehmen Sie die Führung zu Beginn der Verhandlung und fragen Sie, welche Forderung Ihr Gegenüber stellt. Hinterfragen Sie diese Forderung dann noch ein zweites Mal mit dem Zusatz „realistisch“. Ein Beispiel: Fragen Sie als Einkäufer den Verkäufer, welchen Preis er sich vorstellen kann. Nachdem der Verkäufer den Preis genannt hat, fragen Sie noch einmal: „Vielen Dank, Herr Verkäufer, sagen Sie mir bitte noch, welcher Preis realistisch wäre.“

Ein unprofessioneller Verhandlungspartner wird bereits jetzt einen anderen Preis nennen. Das Wort „realistisch“ erschreckt ihn geradezu und beinhaltet den Vorwurf, der erste Preis sei unrealistisch und somit unfair gewesen.

Dieser „realistische“ Preis ist nun Ihre Ausgangsposition für Ihre Forderung. Stellen Sie die eigene Forderung so weit außerhalb der „Zone of possible Agreement“, dass Sie während der gesamten Verhandlung genug Spielraum haben. Sie können dann großzügig auf den Verhandlungspartner zugehen, Sie haben ja genug Puffer eingebaut.

Als Zielsetzung gilt für Sie immer „Treffen in der Mitte“. Verhandlungspartner aus deutschsprachigen Ländern haben interessanterweise einen Drang zu diesem „Treffen in der Mitte“. Vielleicht weil es sich so fair anhört, obwohl es nicht fair ist. Vielleicht weil es so einfach ist. Egal, nutzen Sie es für sich.

Sie warten ab

Versuchen Sie, Ihren Verhandlungspartner zum Reden zu bringen. Sie können beispielsweise Fragen stellen. Sie können es aber noch viel einfacher haben: sagen Sie nichts. Warten Sie zu Beginn der Verhandlung einfach ab, was passiert. Hören Sie genau zu, notieren Sie mit und – sagen Sie nichts.

Solange Ihr Verhandlungspartner spricht, bekommen Sie viele Informationen. Wenn Sie sprechen, bekommen Sie nichts, so einfach ist das.

Drei taktische Alternativen des Einstiegs

- Sie stellen selbst eine hohe Forderung
- Sie warten auf die Forderung und spielen auf „Treffen in der Mitte“
- Sie warten ab

9 Steigen Sie in emotionale Verhandlungen emotional ein

Der Einstieg in eine emotionale Verhandlung kann sehr emotional sein. Dabei müssen Sie jedoch einen Grundsatz beherzigen: **Sie können nur die Gefühle, nicht die Situation verstehen.**

Wenn Sie Ihrem Verhandlungspartner zeigen wollen, dass Sie seine Situation verstehen, dann machen Sie sich meist unglaubwürdig. Die Situation, in der Ihr Verhandlungspartner steckt, können Sie nicht verstehen, wenn Sie sich nicht selbst in der gleichen Situation befunden haben.

Die Gefühle Ihres Verhandlungspartners können Sie jedoch sehr gut verstehen. Gefühle wie Ärger, Angst, Enttäuschung oder Demütigung haben Sie auch selbst schon erlebt.

Verstehen Sie die Sichtweise Ihres Verhandlungspartners

In meinen Vorträgen und Seminaren lasse ich die Teilnehmer gerne eine Übung ausprobieren. An einem Tisch sitzen vier Personen, auf dem Tisch steht eine Kaffeetasse, daneben liegt eine Euro-Münze.

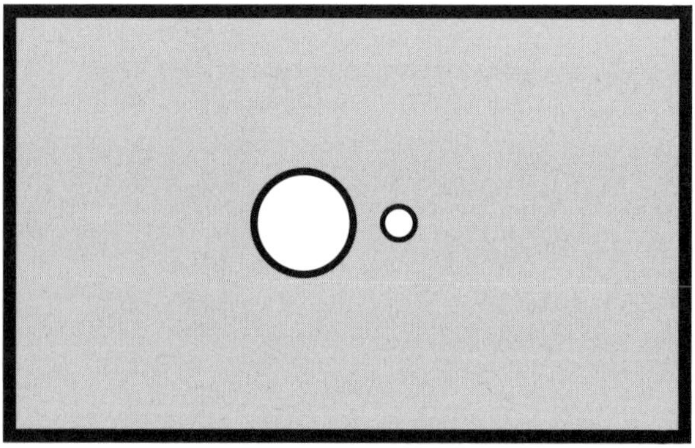

Dann befrage ich den ersten Teilnehmer, was er denn sehe, wenn er auf den Tisch blicke. Teilnehmer A sagt dann, er sehe eine Tasse und vor der Tasse eine Münze. Teilnehmer B sagt, dass er auch eine Tasse sehe, die Münze liege jedoch rechts davon. Teilnehmer C sieht nur die Tasse, Teilnehmer D sieht die Tasse, die Münze liegt links davon. Nun beginne ich die Teilnehmer aufzustacheln und zu beschimpfen. Wie kann Teilnehmer C beispielsweise behaupten, überhaupt keine Münze zu sehen, obwohl doch seine drei Kollegen, alle im Vollbesitz der geistigen Kräfte, sich ganz sicher sind, dass eine Münze auf dem Tisch liegt?

Klingt sehr banal, oder?

Jeder der Teilnehmer ist sich sicher, dass seine Sichtweise die richtige ist, er also Recht hat. Klingt schon nicht mehr banal, sondern schon sehr realistisch.

Spannend wird es dann, wenn ein Teilnehmer versuchen muss, die andere Sichtweise nicht nur zu sehen, sondern auch zu verstehen. Und richtig spannend wird es dann, wenn ich die Teilnehmer auffordere, andere Sichtweisen zwar zu verstehen, nicht aber zu übernehmen. D.h. sie sollen die anderen Sichtweisen nicht zu ihrer eigenen Überzeugung machen, sie aber dennoch verstehen.

Sprechen Sie die Gefühle Ihres Gesprächspartners an

Ein ca. 20jähriger Mann wollte nach einer langen Nacht mit seinen Kumpels unbedingt ein Mädchen erobern. Er ging mit seinen Freunden in eine Diskothek und sprach in seinem alkoholisierten Zustand eine junge Frau an. Diese wollte nichts von ihm wissen und drehte sich weg. Er sah den drohenden Gesichtsverlust vor seinen Freunden und packte die junge Frau an beiden Armen und bedrohte sie. Daraufhin eilten einige Männer der jungen Frau zu Hilfe, die Kumpels wollten den jungen Mann unterstützen. Es begann eine Rauferei, in dessen Verlauf der junge Mann ein Bierglas nahm, dieses an einer Tischkante so zerschlug, dass er den unteren Teil des Glases in der Hand hielt, der obere Teil zersplitterte und deshalb als scharfe Waffe geeignet war. Er bedrohte nun die junge Frau und ihre Helfer mit diesem abgeschlagenen Glas.

Als wir am Tatort eintrafen, standen sich die junge Frau und ihre Unterstützer und der junge Mann mit seinen Kumpels in einem Abstand von ca. drei Metern gegenüber.

Die Stimmung war höchst geladen, die Musik in der Disko war abgedreht, die Lichter waren eingeschaltet und alle Diskobesucher standen in einigem Abstand um diese Gruppe herum, um den weiteren Verlauf zu verfolgen.

Die uniformierten Kollegen verwiesen die Diskobesucher nach draußen, so dass sich nur noch die beiden kleinen Gruppen mit jeweils fünf Personen gegenüber standen.

Nachdem der junge Mann der „Initiator" war, wurde dieser von uns als Verhandlungspartner ausgewählt. Er genoss es sichtlich, in dieser wichtigen Funktion zu sein und vor seinen Kumpels den großen Mann zu spielen.

Können Sie sich als Leser in diesen jungen Mann hineinversetzen? Verstehen Sie den Blickwinkel dieses jungen Mannes? Seinen Gesichtsverlust vor seiner Gruppe, seinen Gesichtsverlust gegenüber der jungen Frau, den Drang, den Helden spielen zu müssen? Was würde mit ihm passieren, wenn die Polizei ihm jetzt noch einen Gesichtsverlust beibringen würde? Wenn wir ihm sagen würden, dass er ein Verlierer sei und dass er gefälligst das Glas weglegen solle? Dass er endlich kapieren müsse, dass er uns ausgeliefert sei und all unsere Anweisungen befolgen müsse?

Unsere Strategie war deshalb auf Gesichtswahrung ausgelegt. Von umstehenden Personen wussten wir den Namen des jungen Mannes. Wir sprachen ihn deshalb mit Vor- und Zunamen und natürlich mit der Anrede „Sie" an.

Wir fragten ihn nach seiner Arbeitsstelle und er antwortete, dass er bei einer Brauerei angestellt sei. Auf unsere Frage, was genau er denn da mache, sagte er uns, dass er am Ende des Fließbandes sitze und darauf achte, dass keine kaputten Flaschen in das Lager kämen.

Er sitzt also acht Stunden täglich auf einem Stuhl und beobachtet das Fließband. Wenn eine Flasche kaputt ist, nimmt er den Bierkasten vom Band, tauscht die Flasche aus und stellt den Bierkasten wieder zurück auf das Band. Nicht sehr spannend und nicht sehr verantwortungsvoll, werden Sie vielleicht denken.

Wir sprachen ab jetzt nicht über die Bedrohung in der Diskothek, sondern nur noch über seine Arbeitsstelle und die damit verbundene Verantwortung. Wir fragten ihn, was denn passieren würde, wenn er am kommenden Montag nicht auf diesem Stuhl sitzen würde. Er überlegte lange und sagte uns, dass es dann für die Produktion sehr schwierig werden würde. Er sei ja schließlich derjenige, der die Qualität der Produktion sichere. Wir hinterfragten, welche Konsequenzen es hätte, wenn kaputte Flaschen zum Kunden geliefert werden würden. Er rechnete uns vor, mit welchen Problemen die Brauerei zu kämpfen hätte, wenn beim Kunden kaputte Flaschen auftauchen würden.

Wir sicherten ihm zu, dass wir seine Gefühle sehr gut verstehen könnten. Auch in unserem Beruf ist die Verantwortung sehr hoch. Eine Unachtsamkeit kann hier wie dort schwerwiegende Folgen haben.

Wir sagten also nicht, dass wir seine Situation auf seinem Stuhl nachvollziehen könnten. Wir bekräftigten nur, dass wir sein Gefühl für diese Verantwortung kennen würden. Wir versicherten ihm auch nicht, dass wir seine Situation in dieser Bedrohung verstehen könnten. Wir hätten allerdings sagen können, dass wir das Gefühl kennen würden, nicht als Verlierer dastehen zu wollen.

Wir unterstützten ihn in seiner Meinung, dass diese Brauerei am Montag ohne ihn ein echtes Problem hätte. Er steigerte sich so in die Wichtigkeit dieser Funktion hinein, dass er seine Kumpels und die Gegenseite informierte, wie wichtig dieser Stuhl für die Firma sei.

Nun war es relativ einfach, ihn zum Aufgeben zu bewegen. Wir machten ihm deutlich, dass er bei einer Fortsetzung dieser Bedrohung am Montag sicher in Haft sitzen würde. Bei einer Aufgabe – bisher wurde ja niemand ernsthaft verletzt – würden wir uns beim Staatsanwalt für ihn einsetzen und er könnte am Montag seine Arbeit in der Brauerei wieder erledigen.

Daraufhin legte er sein Glas aus der Hand und ging stolz und erhobenen Hauptes mit uns zur Polizeiinspektion.

Ein Kündigungsgespräch

Wenn Sie beispielsweise als Führungskraft einem Mitarbeiter die Kündigung aussprechen müssen, dann wird diese Verhandlung sehr emotional sein. Die Kündigung müssen Sie aussprechen, da führt kein Weg daran vorbei. Wichtig ist, was Sie im Anschluss sagen. Vielleicht sagt der Mitarbeiter gar nichts, vielleicht schreit er Sie an, vielleicht weint er.

Nun laufen Sie Gefahr, seine Situation anzusprechen. Es ist einfacher, die Situation und nicht das Gefühl anzusprechen, dies ist klarer und gehört mehr ins Business.

Wenn Sie als 35jähriger kinderloser Karrieretyp einem 50jährigen Mitarbeiter mit drei Kindern und Eigenheim die Kündigung aussprechen, dann können Sie seine Situation nicht verstehen. Sie kennen die Verantwortung für drei Kinder und das Haus nicht. Woher auch.

Reden Sie deshalb bitte nicht über seine Situation mit den drei Kindern und dem Eigenheim, Sie machen sich dabei lächerlich. Sagen Sie ihm, dass Sie das Gefühl der Enttäuschung, des Ausgeliefertseins, der Ausweglosigkeit kennen. Sie können auch eigene Beispiele erzählen. Zeigen Sie also Verständnis für seine Gefühle und nicht für seine Situation.

Steigen Sie in emotionale Verhandlungen emotional ein

Verstehen Sie die Sichtweise Ihres Verhandlungspartners

- Versuchen Sie, andere Sichtweisen zu verstehen
- Sie sollten die andere Sichtweise nicht übernehmen, sondern nur verstehen
- Wenn Sie die Sichtweise verstehen, verstehen Sie auch die Gefühle

Verstehen Sie die Gefühle Ihres Gesprächspartners

- Vermeiden Sie es, die Situation Ihres Verhandlungspartners anzusprechen
- Täuschen Sie kein Verständnis für seine Situation vor
- Verstehen Sie seine Gefühle
- Bringen Sie eigene Beispiele, in denen Sie ähnliche Gefühle erlebt haben

Teil 4

Der Weg zu einer Vereinbarung

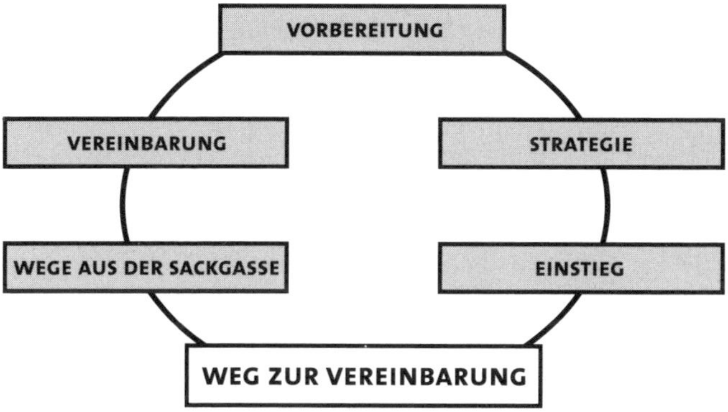

10 Schaffen Sie den Verhandlungsgegenstand

Suicide by cop

„Suicide by cop" bedeutet, dass sich jemand von der Polizei erschießen lässt. Diese Alternative wird dann gewählt, wenn für den Straftäter kein Ausweg mehr erkennbar ist und er noch „ehrenvoll" sterben möchte. Er hat sich durch seine Forderungen in eine Sackgasse manövriert und kommt aus dieser Sackgasse ohne Gesichtsverlust nicht mehr heraus. Jetzt steht er in der Ecke und hofft, erlöst zu werden. Den eigenen Selbstmord kann oder will er nicht begehen, er bringt sich deshalb in eine Position, in der die Polizei schießen muss. Beispielsweise hält er der Geisel die Pistole an den Kopf und tut so, als ob er abdrücken möchte. Dann schießt die Polizei.

Die Ausweglosigkeit darf auch in normalen Verhandlungen nicht unterschätzt werden. Sobald ein Verhandlungspartner in eine Sackgasse gerät, wird er nicht mehr zielgerichtet handeln, sondern nur noch versuchen, sein Gesicht zu wahren.

Sobald Sie selbst in der Sackgasse stecken, werden auch Sie Ihr Verhandlungsziel aufgeben. Der Gesichtswahrung zuliebe.

Deshalb müssen Sie während der gesamten Verhandlung jederzeit mehrere Alternativen zur Verfügung haben und jede Festlegung bis zum Ende vermeiden.

Schaffen Sie so viele Alternativen wie möglich

Je mehr Alternativen Sie haben, desto mehr Macht haben Sie und desto erfolgreicher werden Sie sein. Bringen Sie deshalb so viel wie möglich in die Verhandlung ein und versuchen Sie, so viel wie möglich anbieten zu können.

Sprechen Sie im Konjunktiv

In schwierigen Verhandlungen sollten Sie ausschließlich den Konjunktiv verwenden. Bilden Sie Sätze nach folgenden Mustern: „Worüber wir reden könnten, wenn das für Sie interessant wäre ...“ oder „Eine mögliche Alternative wäre noch ...“ Kombinieren Sie diese Sätze mit abschwächenden Elementen wie „falls“, „eventuell“, „möglicherweise“ usw.

Alle diese Formulierungen dienen dazu, sich nicht festlegen zu müssen. Sie bekommen viele Informationen Ihres Verhandlungspartners und vermeiden alle Hinweise auf Ihre Ziele und Strategien.

Sobald Sie Erstaunen oder Ablehnung bei Ihrem Gegenüber registrieren, können Sie sofort wieder einschwenken, ohne irgendeine Information preisgegeben zu haben. Wichtig ist, das Erstaunen oder die mögliche Ablehnung zu hinterfragen. Fragen Sie, warum Ihr Gegenüber bei dieser Formulierung die Stirn runzelt. Fragen Sie, ob diese Alternative für die andere Seite annehmbar sein könnte, wenn sie anders formuliert wäre.

Ich weiß nicht, wie es Ihnen geht, aber ich kann mich sehr gut dumm stellen. Ich kann sehr gut den Eindruck vermitteln, dass ich etwas nicht verstehe. Formulierungen wie „Erklären Sie mir das bitte noch genauer ...“ oder „Was ich nicht verstehe, ist ...“ fallen mir sehr leicht.

Mein „Vorbild“ in solchen Situationen ist Columbo. Er schafft es immer, durch seine dusselige Art, die Menschen zum Reden zu bringen. Und die erzählen, obwohl sie eigentlich gar nicht so viel preisgeben wollten. Und darauf kommt es schließlich an.

Nach dem Anbieten vieler Alternativen können Sie in der zweiten Phase bereits Konzessionen signalisieren. Signalisieren, nicht einräumen. „Wo ich bereits jetzt eine Möglichkeit des Einverständnisses sehe, ist ...“

Das können Sie dann tun, wenn Sie gut und schnell vorankommen möchten. Beobachten Sie dabei Ihr Gegenüber aber stets wachsam und halten Sie sich durch den Gebrauch des Konjunktivs immer alle Optionen offen. Die Festlegung kommt in der letzten Minute der Verhandlung – und keine Sekunde früher.

Für eine Argumentation ist es auch noch zu früh. Argumentieren heißt, die eigenen Argumente positiv bewerten. Bewertung heißt Festlegung, Ihre Bewertung ist besser als die andere Bewertung, Ihre Argumente sind besser als die anderen Argumente. Das mag schon sein, aber es ist immer noch viel zu früh.

Schaffen Sie den Verhandlungsgegenstand

- Bringen Sie so viele Alternativen wie möglich in die Verhandlung ein
- Sprechen Sie ausschließlich im Konjunktiv
- Kombinieren Sie Ihre Sätze mit abschwächenden Formulierungen
- Hinterfragen Sie Erstaunen und Ablehnung
- Vermeiden Sie jede Festlegung

11 Versetzen Sie sich in Ihren Verhandlungspartner

Zuhören

Zuhören, aktives Zuhören, analytisches Zuhören, empathisches Zuhören. **Sie sollten in der Verhandlung zuhören.** Ja, aber das reicht nicht aus! Sie sollten einen Schritt weitergehen und sich in den Verhandlungspartner hineinversetzen. Versuchen Sie, seine Sichtweise, seine Forderungen, seine Motive zu verstehen und nachvollziehen zu können. Das heißt aber noch lange nicht, dass Sie dies alles gutheißen oder gar selbst vertreten müssen.

Ich habe mich in meinem Buch „Verhandeln im Grenzbereich" intensiv mit der Analyse von Menschen beschäftigt. Da dieser Bereich sehr umfangreich ist, möchte ich mich in diesem Ratgeber nur auf die wichtigsten Tipps beschränken.

Meine Verhandlungspartner bei der Polizei waren meist Verbrecher. Es gab bei vielen Verhandlungen Parallelen, viele Verbrecher handeln ähnlich. Und doch war jede Verhandlung ganz einzigartig, weil jeder Mensch einzigartig ist und somit auch jeder Verbrecher einzigartig ist.

Straftäter gibt es in allen Schichten der Bevölkerung. Und dennoch leben die meisten in einer eigenen Welt. Ich nenne sie die „dunkle Welt". Diese Straftäter leben und überleben in einer Welt, in der Sie wahrscheinlich scheitern würden.

Diese dunkle Welt gibt es auch in Ihrer Stadt, Ihrem Stadtteil, Ihrer Straße, vielleicht sogar in Ihrem Haus. Eine Welt, die so ähnlich und doch so anders ist. Manchmal sehen Sie vielleicht einen kleinen Teil dieser dunklen Welt. Dann sehen Sie Gewalt, Drohungen, Prostitution und Drogen. Vielleicht sehen Sie diese Welt nicht, aber Sie könnten Sie sehen, wenn Sie nur richtig hinschauen würden. Sie schauen aber lieber weg, wenn sich diese Welt zeigt. ... Es könnte schon sein, dass der Nachbar seine Frau ..., nein, nein, das bilden Sie sich sicher nur ein. Tür zu. Wozu auch. Sie müssen ja nicht alles sehen. Es geht Sie ja auch wirklich nichts an.

Als Verhandlungsführer der Polizei musste ich mich immer wieder mit dieser dunklen Welt beschäftigen. Musste. Ja, musste. Aber ich wollte auch.

Ganz ehrlich, ich bin auch fasziniert von dieser Welt. Diese Welt, die Sie vielleicht nur aus Krimis oder schlechten Reality Shows kennen. Diese Faszination empfinden viele. Vielleicht ist es ja auch ein Grund dafür, warum Sie sich dieses Buch gekauft haben. Ich kenne Sie ja nicht. Aber Sie kennen mich, zumindest meine Faszination für die dunkle Welt.

Bei Verhandlungen mit den Vertretern aus der dunklen Welt musste ich auch ihre Sprache beherrschen. Und wo könnte ich diese Sprache besser lernen als auf der Straße selbst? So hörte ich bei Verhandlungen immer genau zu, welche Worte und welche Redewendungen mein Gegenüber benutzte. Es gibt eine Art „Geheimsprache" auf der Straße. Wer diese Sprache beherrscht, gehört dazu. Wer sie nicht sprechen kann, findet keinen Zugang.

Ein Freund und Kollege von mir, er war damals verdeckter Ermittler in einem großen Drogenfall, hatte Zugang zu einer Bande von Drogendealern gefunden. Er streunte wochenlang mit den Jungs herum, ging mit ihnen in Kneipen und auf Partys, wurde immer mehr akzeptiert. Während einer Party saß er mit einigen Drogendealern aus dieser Clique auf einer Fensterbank und blickte nach draußen. Er sah, wie ein Auto gegen sein Auto fuhr. Er rief: „Scheiße, dieser PKW hat mein Auto gerammt!" Die Drogendealer sahen ihn an und sagten: „Du bist ein Bulle." Pech gehabt. Das Wort PKW benutzt außer einem Polizeibeamten nun wirklich kein normal denkender Mensch. So ist er aufgeflogen.

Um die Sprache, das Denken und die Verhaltensweisen besser kennen zu lernen, habe ich auch außerhalb meiner Dienstzeit die Lokalitäten der dunklen Welt besucht. Ich habe inkognito mit den Menschen geredet, ein Bier getrunken und immer mehr gelernt.

Während meiner Zeit bei der Drogenfahndung war ich sehr tief abgetaucht. Zu tief, wie ich heute weiß. Aber es hatte auch seinen Vorteil. Meine Fähigkeit, Menschen in Grenzbereichen besser zu verstehen, wurde in dieser Zeit gestärkt.

Wenn Sie Ihre Verhandlungspartner besser verstehen wollen, müssen Sie versuchen, auch die andere Seite zu sehen. Vielleicht nicht gerade die dunkle Welt, aber zumindest die andere Welt, die Welt der Mitarbeiter, Chefs, Einkäufer, Verkäufer usw.

Fragen und Hinterfragen

Suchen Sie die Gespräche mit Vertretern der „anderen Seite“ und versuchen Sie dabei, so lange und so intensiv wie möglich zuzuhören. Fragen und hinterfragen Sie, was die „andere Seite“ beschäftigt.

Als Verkäufer beispielsweise sollten Sie bei einigen Verhandlungen an der Seite der Einkäufer Ihres Unternehmens mitwirken. Einfach ruhig dabeisitzen und beobachten. Achten Sie darauf, in welchen Phasen der Einkäufer im Vorteil liegt und in welchen Phasen er verliert. Sie werden dabei viele Parallelen zu Ihren eigenen Verhandlungen feststellen können. Nur andersherum.

Sie können sicherlich viel von anderen Verkäufern und Verkaufsleitern sowie auch in Verkaufstrainings lernen. Auf der „anderen Seite“ lernen Sie aber mehr.

Forderungen und Motive

Sie sollten auch den Unterschied zwischen einer Forderung und einem Motiv kennen lernen. In einer Forderung sagt Ihnen der Verhandlungspartner, was er von Ihnen haben möchte: einen bestimmten Preis, einen bestimmten Nachlass, eine bestimmte Zustimmung.

Aber er sagt Ihnen in der Forderung nicht, warum er dies alles haben möchte. Doch dieses Warum ist noch viel wichtiger, weil Sie Ihre Alternativen darauf abstimmen können.

Dieses Warum ist das Motiv. Die Motivation, die Ihren Gesprächspartner in dieser Verhandlung antreibt. Und dieses Motiv müssen Sie kennen.

Versuchen Sie dabei, immer tiefer in seine Gedankenwelt einzudringen. Finden Sie heraus, warum er nachts aufwacht. Je mehr Sie in die Gedankenwelt Ihres Gegenübers einsteigen, desto mehr Gefühl bekommen Sie für seine Ängste und Wünsche und für die daraus resultierenden Argumente.

Versetzen Sie sich in Ihren Verhandlungspartner

- Hören Sie bitte genau zu
- Fragen und hinterfragen Sie
- Versuchen Sie, in die Gedankenwelt Ihres Verhandlungspartners einzudringen
- Achten Sie weniger darauf, was er fordert
- Achten Sie mehr darauf, warum er etwas fordert

12 Die konstruktive Konfrontation

Der Grundsatz der Reziprozität

„Ich verlange, dass der Strom wieder eingeschaltet wird!", schreit Samuel L. Jackson als Geiselnehmer dem Verhandlungsführer der Polizei, Kevin Spacey, entgegen. „Ja", erwidert Kevin Spacey, „aber dafür bekomme ich eine Geisel!" Der Geiselnehmer willigt ein und lässt eine Geisel frei. Dafür bekommt er wieder Strom. Eine ganz normale Verhandlung.

Geben und Nehmen

Verhandeln heißt Handeln. Dieses Handeln umfasst das Geben und das Nehmen. Wer in einer Verhandlung nur gibt, ohne dafür etwas zu bekommen, schafft Misstrauen. Richtig. Misstrauen.

Und nachdem Sie vertrauensvoll, also voller Vertrauen, verhandeln möchten, dürfen Sie nie etwas geben, ohne dafür etwas zu nehmen. Das Wort „Reziprozität" wird von „reziprok" abgeleitet und heißt „wechselseitig". Es soll im Wechsel, hin und her, verhandelt werden.

Ein alltägliches Beispiel: Sie möchten einen Gebrauchtwagen verkaufen und inserieren diesen in einer Tageszeitung. Sie legen den Preis mit 10.000 € fest und beschreiben kurz das Fahrzeug. Ein Interessent ruft Sie an, kommt vorbei und möchte Ihr Auto kaufen. Er fordert einen Nachlass von 1.000 € und Sie gewähren ihm diese Ermäßigung sofort und ohne Verhandlung.

Was glauben Sie, wie es dem Käufer danach geht?

Er willigt wahrscheinlich nicht in diesen Deal ein, weil er denkt, dass er vielleicht noch mehr erreichen könnte. Sollte er zustimmen, dann zumindest sehr misstrauisch. Er fragt sich, warum Sie so schnell und ohne Druck so viel nachgeben. Er denkt sich vielleicht, dass Sie etwas zu verschenken haben oder fragt sich, was an diesem Auto nicht in Ordnung ist. Auf der Fahrt nach Hause wird er intensiv auf alle Geräusche achten und darauf warten, dass sein Misstrauen bestätigt wird.

Dieses Geben der 1.000 € hätten Sie mit dem Nehmen eines Entgegenkommens verbinden können. Ein Nachlass ist möglich bei sofortiger Barzahlung und sofortiger Ummeldung des Fahrzeugs. Oder Sie können das Geben mit dem Wegnehmen der Leistung verbinden. Beispielsweise hätten Sie sagen können, bei einem Nachlass von 1.000 € nehmen Sie das Autoradio wieder heraus.

Der Grundsatz der Reziprozität folgt der Verhandlungstheorie der „integrativen Verhandlung". In der integrativen Verhandlung wird nicht über einen einzigen Verhandlungsgegenstand gestritten (das wäre sonst eine distributive Verhandlung), sondern es wird versucht, den Verhandlungsgegenstand auszubauen. In unserem Beispiel würden Sie nicht nur ein einziges Auto verkaufen, sondern ein Auto mit Radio, Winterrädern, Sportlenkrad, Fußmatten, neuem TÜV usw.

Je größer der Verhandlungsgegenstand, desto mehr Alternativen haben Sie. Und je mehr Alternativen es gibt, desto mehr Flexibilität und Macht haben Sie in der Verhandlung.

Überlegen Sie deshalb bitte ständig während dieser Verhandlungsphase:

- was Ihnen wichtig ist und was nicht
- wie viel Sie nachgeben können und was Sie dafür verlangen.

Gemeinsamkeiten statt Gegensätze

Und nun beginnt die konstruktive Konfrontation, also das Feilschen um die Alternativen. Wenn die Verhandlung zu einem Ergebnis kommen soll, dann dürfen die gegensätzlichen Interessen nicht unvereinbar sein. Zumindest in einem Teilbereich müssen sich die Interessen überschneiden. Diesen Teilbereich kennen Sie bereits aus dem 8. Kapitel, es handelt sich um die „Zone of possible Agreement".

Wenn kein Einigungsbereich erkennbar ist, dann macht eine Verhandlung auch keinen Sinn. Möglich sind dann noch die Vermeidung des Konfliktes oder der offene Konflikt ohne vorherige Verhandlungsführung. Schade, aber manchmal geht es nicht anders.

Während des Abwägens aller Alternativen werden Sie Gemeinsamkeiten und Gegensätze feststellen. Konzentrieren Sie sich auf die Gemeinsamkeiten und halten Sie alle Übereinstimmungen schriftlich fest. Nachdem alle Gemeinsamkeiten unter Dach und Fach sind, können Sie an die noch ausstehenden gegensätzlichen Positionen herangehen.

Formulieren Sie den Verhandlungsgegenstand nochmals neu und stellen Sie die neuen Alternativen einander gegenüber. Jetzt beginnt die Verhandlung über die noch ausstehenden Punkte wieder neu. Sprechen Sie bitte wieder im Konjunktiv und sagen Sie beispielsweise: „Nachdem wir uns in den Bereichen ... bereits geeinigt haben, stehen noch die Bereiche ... zur Diskussion. Was wir von unserer Seite einbringen könnten, wäre ... Könnte dieser Bereich auch für Sie interessant sein?"

Nun können Sie wieder geben und nehmen, also reziprok verhandeln.

Einbringen von eigenen Argumenten

Welches sind die richtigen Argumente? Auf alle Fälle sind es sehr wenige. Bringen Sie bitte nur die Argumente in die Verhandlung ein, die wirklich überzeugend sind. Sie möchten überzeugen und nicht unterhalten. Sie leben vom Ergebnis und nicht vom Applaus.

Je mehr Argumente Sie einbringen, desto mehr Angriffspunkte bieten Sie. Hüten Sie sich davor, unvorbereitet zu argumentieren. Ein professioneller Verhandlungspartner wird Sie ermuntern, Sie loben und zu weiteren – wichtigen, wie er sagt – Argumenten anstacheln. Wenn Sie darauf hereinfallen, geben Sie zu viele Informationen preis und werden über diese Vielzahl von Argumenten sehr angreifbar. Sollten Sie zu viele Argumente einbringen, wird sich Ihr Verhandlungspartner auf das schwächste Argument stürzen und dieses zerlegen. Und dann stehen Sie da wie ein kleiner Junge, dem man das Pausenbrot weggenommen hat.

Keine eigene Bewertung

Bewerten Sie bitte eigene Vorschläge nie selbst. Formulierungen wie „hier ein fairer Vorschlag" oder „dieses gewinnbringende Element" lenken von der Überzeugungskraft des Argumentes ab und versehen es mit einer persönlichen und somit subjektiven Wertung. Ein sensibler Verhandlungspartner wird sehr misstrauisch auf Ihre eigenen Bewertungen reagieren.

Annehmen von akzeptablen Vorschlägen

Bei einem akzeptablen Vorschlag sollten Sie ausdrücklich bestätigen, dass dieser Vorschlag in Ihrem Sinne ist. Wiederholen Sie den Vorschlag, vergewissern Sie sich, ob Sie den Vorschlag richtig verstanden haben und halten Sie diese Formulierung schriftlich fest.

Sagen Sie bitte nicht, dass sie ihn akzeptieren. Die Akzeptanz der Alternativen wird geprüft, wenn viele Vorschläge auf dem Tisch liegen und Sie reziprok abwägen können.

Ablehnen von inakzeptablen Vorschlägen

Machen Sie keinen Gegenvorschlag

Hier ist die Gefahr sehr groß, einen eingebrachten Vorschlag sofort abzulehnen. Oder noch schlimmer, gleich mit einem Gegenvorschlag zu reagieren. Ein Gegenvorschlag wird meist als Abblocken empfunden und da ist auch etwas Wahres dran.

Wenn also Ihr Verhandlungspartner einen für Sie inakzeptablen Vorschlag macht, dann sollten Sie nicht mit einem Gegenvorschlag reagieren. Besser ist es, den Vorschlag anzunehmen, darauf einzugehen und in Ihrem Sinne weiterzuführen. Bedanken Sie sich für den Vorschlag, bewerten Sie ihn auf gar keinen Fall, zerlegen Sie ihn in verschiedene erkennbare Alternativen und führen Sie die Alternativen weiter, die in Ihrem Sinne liegen.

Lehnen Sie den Vorschlag mit Fragen ab

Ein nicht akzeptabler Vorschlag muss natürlich von Ihnen abgelehnt werden. Greifen Sie bei dieser Ablehnung jedoch zu der Königsdisziplin: Wehren Sie mit Fragen ab. Fragen sind die höfliche Alternative der Ablehnung.

Fragen und hinterfragen Sie den Sinn, die Wirksamkeit und die Umsetzbarkeit des Vorschlags. Durch die Fragen muss klar werden, dass Sie den Erfolg dieser Maßnahme bezweifeln und somit dagegen sind.

„Alles was gesagt werden kann, kann auch gefragt werden", ist ein alter Verhandlungsgrundsatz. **Reden Sie also nicht viel, sondern fragen Sie viel.**

Die konstruktive Konfrontation

Verhandeln Sie reziprok

Verhandeln ist Handeln

- Geben Sie und nehmen Sie
- Konzentrieren Sie sich auf Gemeinsamkeiten

Einbringen von eigenen Vorschlägen

- Bringen Sie nur die Argumente ein, die Sie unbedingt brauchen
- Sie leben vom Ergebnis, nicht vom Applaus
- Bewerten Sie eigene Vorschläge nicht

Ablehnung von Vorschlägen

- Bedanken Sie sich auch für inakzeptable Vorschläge
- Zerlegen Sie die Vorschläge in mögliche Alternativen
- Machen Sie keine Gegenvorschläge
- Führen Sie die Vorschläge weiter
- Lehnen Sie die Vorschläge durch Fragen ab

13 Der Umgang mit Stress

Der Bankräuber hat eine Geisel genommen und hält diese mit der Pistole in Schacht. Die Bank ist umstellt, die Hubschrauber kreisen in geringer Höhe über dem Gebäude. Die Scharfschützen sind auf den gegenüberliegenden Gebäuden in Position gegangen und zielen mit den Präzisionsgewehren auf den Geiselnehmer. Die roten Leuchtpunkte der Laserzieleinrichtung durchstreifen den Raum, in dem sich der Geiselnehmer aufhält. Die Überwachungskameras der Bank schwenken hin und her und filmen den Geiselnehmer bei jeder seiner Bewegungen.

Wie hoch wird die Stressdosis des Geiselnehmers sein? Können Sie sich vorstellen, welchem unglaublichen Stress dieser Mann ausgesetzt ist?

Die Frage ist nun, wie die Verhandlung mit diesem Mann geführt werden soll. Die Stressdosis verändert sich während der Verhandlung.

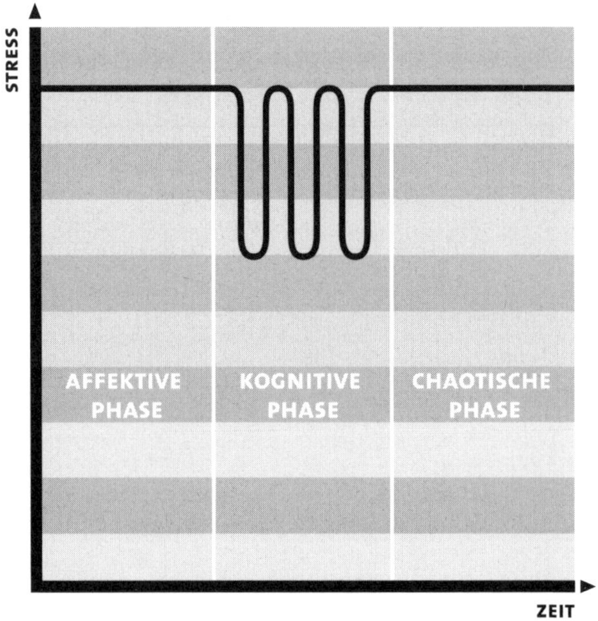

Verschiedene Phasen der Stressdosis während einer Verhandlung

Affektive Phase

Zu Beginn der Verhandlung ist die Stressdosis sehr hoch, der Geiselnehmer befindet sich in der affektiven Phase. Er handelt nicht rational, sondern im Affekt. Die rationalen Argumente können in dieser Phase wegen der hohen Stressdosis des Geiselnehmers nicht aufgenommen werden. Er wäre nicht in der Lage, die rationalen Argumente zu hören und zu verstehen.

Deshalb ist in der affektiven Phase jede Aufforderung zur Vernunft und jede rationale Argumentation nicht hilfreich. Das Ziel in dieser Phase ist es, eine persönliche Beziehung zum Geiselnehmer aufzubauen und jeden neuen Druck – und damit eine weitere Erhöhung der Stressdosis – zu vermeiden.

Kognitive Phase

In dieser Phase bewegt sich die Stressdosis wellenförmig. In den Phasen mit einer niedrigen Stressdosis ist ein kognitiver Zugang möglich, d.h. der Geiselnehmer kann rationale Argumente aufnehmen und verarbeiten.

Deshalb wird in dieser Phase versucht, das Gegenüber mit rationalen Argumenten zur Aufgabe zu bewegen.

Chaotische Phase

Wie der Name schon sagt, handelt der Geiselnehmer in dieser Phase chaotisch. Die Stressdosis ist auf dem obersten Level, jede rationale Argumentation ist sinnlos, der Stress beherrscht den Menschen. Handlungen oder Äußerungen des Verhandlungspartners können sehr impulsiv und vor allem sehr überraschend sein. Jeder weitere Druck muss unbedingt vermieden werden.

Der richtige Umgang mit Stress in schwierigen Verhandlungen

In Ihren schwierigen Verhandlungen ist der Verlauf der Stressdosis vergleichbar mit jener eines Geiselnehmers. Natürlich wird die Dosis nicht den Level des Geiselnehmers erreichen, der Verlauf wird jedoch ähnlich sein.

Affektive Phase während der Business-Verhandlung

Der Beginn einer Verhandlung ist für die meisten Verhandlungspartner sehr stressig. Sie wissen noch nicht, was Sie erwartet, Sie kennen die Positionen und Motive noch zu wenig. Möglicherweise lastet auch ein sehr hoher Druck auf Ihnen, wenn Sie in die Verhandlung einsteigen. Nur keinen Fehler machen. Jeder Fehler zu Beginn könnte zum Scheitern führen. Wenn Sie dann noch mit einem Angriff konfrontiert werden, steigt die Stressdosis noch weiter an.

Überlegen Sie deshalb bitte, mit welchem Level Sie in die Verhandlung einsteigen und versuchen Sie herauszufinden, mit welchem Level Ihr Verhandlungspartner dies tut.

Wenn Sie die Verhandlung zu einer konstruktiven und rationalen Ebene führen wollen, dann sollten Sie:

- Langsam und ruhig zu sprechen beginnen
- Jede Festlegung vermeiden und im Konjunktiv sprechen
- Jeden Hinweis auf weiteren Druck vermeiden
- Wenig reden und viel zuhören
- Jede rationale Argumentation vermeiden – Ihr Verhandlungspartner wird sie nicht aufnehmen können

Bedenken Sie bitte, dass Sie die Stressdosis bei Ihrem Verhandlungspartner meistens nicht erkennen können. Körperliche Stressreaktionen wie eine verspannte Muskulatur oder ein trockener Mund sind für Sie nicht sichtbar. Möglicherweise wirkt Ihr Verhandlungspartner locker, wenn die Verhandlung beginnt, und ist doch äußerst angespannt und gestresst. Üben Sie sich deshalb zu Beginn der Verhandlung in der Beobachtung Ihres Gegenübers und vermeiden Sie dabei eine vorschnelle Bewertung.

Eine Alternative: Erhöhung der Stressdosis

Wenn Sie Ihren Verhandlungspartner weiter unter Druck setzen möchten, dann ist die erste Phase der Verhandlung dazu sehr geeignet. Ein persönlicher Angriff gleich zu Beginn lässt die Stressdosis sehr schnell ansteigen. Versuchen Sie herauszufinden, an welcher Stelle Ihr Verhandlungspartner besonders verletzbar ist.

Ein Perfektionist ist beispielsweise sehr stolz auf seine Leistung. Das bloße „Nichtanerkennen“ kann bereits zu einer Erhöhung der Stressdosis führen. Das Infragestellen seiner Leistung wird ihn mit Sicherheit noch weiter treiben. „Vielen Dank, Herr ..., dass Sie sich solch eine Mühe mit der Ausarbeitung gemacht haben. Mir gefällt Ihre Herangehensweise sehr, verwundert hat mich allerdings, dass Sie die Zahlen für den Geschäftsbericht nicht genau recherchiert haben. Ist ja auch nicht schlimm, kann jedem einmal passieren.“

Nun beginnt die Stressdosis bei Ihrem Gesprächspartner zu steigen. Wenn sie dies noch mit einem kleinen persönlichen Angriff würzen – „Wirklich bedauerlich, dass Sie immer so oberflächlich an wichtige Dinge herangehen“ –, können Sie Ihr Gegenüber noch stärker unter Druck setzen.

Was haben Sie davon? Ihr Verhandlungspartner verlässt seine Zielsetzung, seine Strategie und seine rationale Argumentation und wehrt sich gegen Sie. Er agiert nicht mehr, er reagiert. Reagieren heißt, er macht nicht, was er machen will, sondern er macht, was Sie wollen.

Damit wir uns richtig verstehen: Ich fordere Sie nicht auf, Ihren Verhandlungspartner anzugreifen. Es gibt jedoch Situationen, in denen ein Angriff die beste Möglichkeit ist. Aber bitte nur, wenn Sie den Angriff auch wirklich im Griff haben und nicht selbst nur reagieren. Ich zeige Ihnen diese Möglichkeit deshalb auf, damit Sie mit Angriffen besser umgehen können, um dann selbst anzugreifen. Machen Sie das aber nur im Rahmen Ihrer Strategie, also gewollt und nicht getrieben.

Kognitive Phase während der Business-Verhandlung

Der Beginn der kognitiven Phase ist nicht klar erkennbar. Kein Verhandlungspartner wird Sie darauf hinweisen, dass er nun rational zugänglich ist. Testen Sie deshalb die Wirkung der rationalen Argumente aus und beobachten Sie dabei genau, wie Ihr Gegenüber auf Ihre Vorschläge reagiert. Schlagen Sie im Konjunktiv ein rationales Argument vor und warten Sie auf eine rationale Antwort. Wenn er emotional oder gar nicht antwortet, waren Sie zu früh dran. Egal. Sie haben im Konjunktiv gesprochen und nichts verloren. Wenn Ihr Verhandlungspartner rational antwortet und seinerseits einen rationalen Vorschlag unterbreitet, sind Sie gut im Rennen. Bedenken Sie bitte, dass die Stresskurve ganz plötzlich wieder ansteigen kann und Ihre rationale Argumentation dann wieder ins Leere läuft. Es ist also ein ständiges Testen, Vorgehen, Zurücknehmen, Festlegen, Infragestellen. Verhandeln also.

Sichern Sie sich in den kognitiven Phasen kleine Zwischenabschlüsse. Sobald Sie eine Zustimmung einholen, sollten Sie diese festhalten. Auch kleine, möglicherweise in diesem Verhandlungsstadium noch unwichtige Punkte sollten Sie festhalten.

Gehen Sie dabei wie folgt vor:

- Bedanken Sie sich für die Annahme Ihres Vorschlages oder das Einbringen eines Vorschlages Ihres Gegenübers
- Wiederholen Sie den Vorschlag: „Wenn ich Sie richtig verstanden habe, dann ..."
- Lassen Sie sich von Ihrem Verhandlungspartner die Richtigkeit der Wiederholung bestätigen
- Halten Sie diese Vereinbarung schriftlich fest

Chaotische Phase während der Business-Verhandlung

Die Verhandlung geht in die entscheidende Phase und Sie erwarten eine für beide Seiten verbindliche Vereinbarung. Sie fassen den bisherigen Verlauf der Verhandlung zusammen, bedanken sich für die konstruktive Verhandlung und warten auf die Unterzeichnung des Gegenübers. Aber er unterzeichnet nicht. Sie wiederholen nochmals alles und bitten um die Unterschrift. Sie weisen darauf hin, dass alle Argumente nun behandelt und verhandelt wurden und dass nun die Unterschrift die logische Folge wäre. Logisch. Also rational logisch. Schade, Sie sind zu spät dran. Sie haben die kognitive Phase bereits verlassen und befinden sich in der chaotischen Phase. Und hier sind sie wieder, die gleichen Auffälligkeiten wie in der affektiven Phase. Kein rationaler Zugang und keine rationalen Argumente sind mehr gültig. Es zählen nur noch Stress und Angst. Angst, nun zustimmen oder ablehnen zu müssen und damit verbindlich Ja oder Nein zu sagen.

Diese Phase ist die schwierigste, weil Sie die Höhe der Stressdosis und damit die Angst Ihres Verhandlungspartners nicht einschätzen können. Hat der Verkäufer Angst, weil er mit diesem Abschluss nicht zu seinem Verkaufsleiter gehen kann? Hat der Einkäufer Angst, weil er mit diesem Abschluss sein Jahresziel nicht erreicht? Hat der Vorstandsvorsitzende Angst, weil die Fusion ihm seine Karriere kaputt machen kann?

Sie wissen es nicht. Rationales Nachfragen ist nicht Erfolg versprechend, weil Sie keinen rationalen Zugang finden werden. Ein erneutes Aufzählen aller Argumente bringt auch nichts, weil Ihr Verhandlungspartner dafür bereits nicht mehr zugänglich ist.

Gehen Sie in der chaotischen Phase folgendermaßen vor:

- Vermeiden Sie den Druck der Vertragsunterzeichnung und machen Sie eine Verhandlungspause
- Sprechen Sie beim Gang zur Toilette oder zum Kaffeeautomaten sehr ruhig mit Ihrem Verhandlungspartner über Themen, die nichts mit der Verhandlung zu tun haben
- Sprechen Sie von eigenen Beispielen, in denen Sie selbst angespannt und gestresst waren, weil sehr viel auf dem Spiel stand
- Sagen Sie ihm, dass Sie seine Gefühle verstehen, sprechen Sie nicht über seine Situation
- Sobald der Verhandlungspartner wieder in der kognitiven Phase ist, können Sie die Verhandlung fortsetzen

Der Umgang mit Stress

Affektive Phase:

- Langsam und ruhig zu sprechen beginnen
- Jede Festlegung vermeiden und im Konjunktiv sprechen
- Jeden Hinweis auf weiteren Druck vermeiden
- Wenig reden und viel zuhören
- Jede rationale Argumentation vermeiden – Ihr Verhandlungspartner wird sie nicht aufnehmen können

Kognitive Phase:

- Bedanken Sie sich für die Annahme Ihres Vorschlages oder das Einbringen eines Vorschlages Ihres Gegenübers
- Wiederholen Sie den Vorschlag: „Wenn ich Sie richtig verstanden habe, dann ..."
- Lassen Sie sich von Ihrem Verhandlungspartner die Richtigkeit der Wiederholung bestätigen
- Halten Sie diese Vereinbarung schriftlich fest

Chaotische Phase:

- Vermeiden Sie den Druck der Vertragsunterzeichnung und machen Sie eine Verhandlungspause
- Sprechen Sie beim Gang zur Toilette oder zum Kaffeeautomaten sehr ruhig mit Ihrem Verhandlungspartner über Themen, die nichts mit der Verhandlung zu tun haben
- Sprechen Sie von eigenen Beispielen, in denen Sie selbst angespannt und gestresst waren, weil sehr viel auf dem Spiel stand
- Sagen Sie ihm, dass Sie seine Gefühle verstehen, sprechen Sie nicht über seine Situation
- Sobald der Verhandlungspartner wieder in der kognitiven Phase ist, können Sie die Verhandlung fortsetzen

14 Dosieren Sie Ihre Emotionalität

Während meiner Zeit bei der Polizei wurde ich einmal als Verhandlungsführer zu einem „Familienstreit“ gerufen. Man spricht im Polizeijargon immer dann von einem „Familienstreit“, wenn es keine detaillierten Informationen über einen Vorfall gibt. Meist ruft ein Hausbewohner bei der Polizei an und sagt, dass die Nachbarin oder der Nachbar sehr laut sind. Dieses laute Schreien wird dann als „Familienstreit“ interpretiert und so von der Polizeieinsatzzentrale an die Einsatzkräfte weitergegeben.

Die uniformierten Kollegen waren bereits am Einsatzort, als mein Kollege und ich beim Tatort eintrafen. In einer Wohnung im Dachgeschoss hielt ein ca. 35jähriger Mann eine ca. 30jährige Frau als Geisel fest. Er bedrohte sie mit einem Brotmesser, sie durfte sich nicht von der Stelle bewegen.

Die Frau stand laut weinend und blutüberströmt in der Ecke der Wohnung unter einem kleinen Dachflächenfenster. Die Wohnung war sehr dunkel, der Schein einer Straßenlaterne strahlte die Frau durch das Fenster an. Sie stand in der Ecke wie eine Statue. Eine traurige Statue. Sie war vor diesem Abend sicher eine wunderschöne Frau gewesen. Ihre langen schwarzen Haare klebten blutverschmiert an ihrem Kopf. Das Gesicht hatte mehrere Platzwunden, sie versuchte mit den Händen die Wunden zu verdecken. Ihr Oberkörper war nackt, Ihre Brüste wippten beim Weinen mit. Sie trug rote Strapse und Pumps. Sie stand gerade und wollte noch stolz wirken. Ihre Verletzlichkeit und Verletztheit trafen mich tief.

Der Geiselnehmer saß mit einer Flasche Bier in der Hand vor ihr auf einem Couchtisch. In der anderen Hand hielt er ein Brotmesser. Er beschimpfte sie als Schlampe, die nie das tat, was sie tun sollte.

Der Boden der Wohnung war mit Pornoheften übersät. Pornohefte der übelsten Sorte. Die Hefte waren fast alle geöffnet, teilweise zerrissen.

Ich spürte, wie ich emotional für die bedrohte Frau und gegen den Geiselnehmer Partei ergriff. Sie tat mir leid. Ich verspürte größte Abscheu gegen den Mann. Wie konnte er eine wehrlose und verletzte Frau so demütigen?

Noch schlimmer wurden diese Gefühle, als die Frau mich ansah und zu mir laufen wollte. Sie wollte bei mir Schutz suchen, doch der Mann hielt sie mit dem Messer in Schach.

Mein Kollege hatte meine emotionale Betroffenheit erkannt und sofort die Verhandlungsführung übernommen. Ich nickte der Frau deshalb nur zu und begab mich in die Rolle des Commanders. Und das war auch gut so. Hätte ich verhandelt, so hätte ich die Aufgabe des Geiselnehmers wahrscheinlich nicht erreicht.

Die Verhandlungsführung meines Kollegen hingegen führte nach ca. 30 Minuten zur Aufgabe des Geiselnehmers. Der Mann war alkoholisiert und seit Jahren mit dieser Frau zusammen. Sie war also keine Prostituierte, sondern seine langjährige Lebensgefährtin.

Nachdem der Mann das Messer weggelegt hatte, lief die Frau sofort zu mir und fiel in meine Arme. Ihr blutüberströmtes Gesicht legte sie auf meine Schultern. Sie weinte noch lange in meinen Armen. Der Notarzt versorgte sie anschließend, sie musste nicht ins Krankenhaus eingeliefert werden. Der Mann wurde festgenommen und zur Polizeiinspektion gebracht.

Straftaten werden dann zur Anzeige gebracht, wenn jemand eine Anzeige erstattet oder wenn „öffentliches Interesse" besteht. Bei dieser Geiselnahme bestand dieses öffentliche Interesse. Einige Tage nach dieser Geiselnahme wurde die Frau als Zeugin zu diesem Vorfall vernommen. Sie wurde von einem Polizeibeamten über den genauen Tathergang und die Verletzungen befragt. Sie gab an, dass Ihr Lebensgefährte überhaupt nichts angestellt habe. Sie sei nur unglücklich gegen eine Tischkante gestoßen und habe sich dabei die Verletzungen am Körper und die vielen Platzwunden im Gesicht zugezogen.

Und Sie können sich denken, wie das Strafmaß aussieht, wenn die einzige Zeugin aussagt, überhaupt nicht verletzt worden zu sein.

Gerade bei diesem Vorfall habe ich mir nachher gedacht, was wohl passiert wäre, wenn wir den Mann angeschossen oder gar erschossen hätten. Ein Mann, der nach Zeugenaussage gar nichts getan hat. Ich weiß natürlich bis heute nicht, was die Frau dazu bewogen hat, die Aussage so zu gestalten. Vielleicht die Angst vor weiteren Konsequenzen Ihres Lebenspartners, vielleicht der „Mutterinstinkt", das Gefühl, ihm helfen zu müssen. Vielleicht einfach Liebe. Oder Abhängigkeit. Eines weiß ich ganz sicher, gegen die Tischkante ist sie nicht gestoßen.

Die emotionale Betroffenheit in einer Verhandlung kann bis zu einem bestimmten Grad vielleicht zu einem guten Verständnis der Situation beitragen. Sie kann aber auch, wie in diesem Fall, zu einer großen Gefahr werden. Die Gefahr zu reagieren statt zu agieren.

Überlegen Sie deshalb, inwieweit Sie eine emotionale Betroffenheit zulassen können. Den Verhandlungspartner verstehen, hinterfragen, sich in den anderen hineinversetzen, ja, natürlich. Aber bitte mit einer klaren Trennlinie zu den Gefühlen des anderen. Sobald Sie zu stark mitfühlen und emotional Partei ergreifen, sind Sie zu tief in die Verhandlung eingetaucht und dadurch angreifbar.

Dosieren Sie Ihre Emotionalität

- Lassen Sie Ihre emotionale Betroffenheit nur bis zu einem bestimmten Grad zu.
- Vermeiden Sie ein Reagieren
- Brechen Sie die Verhandlung ab, sobald Sie nur noch reagieren

Teil 5

Wege aus der Sackgasse

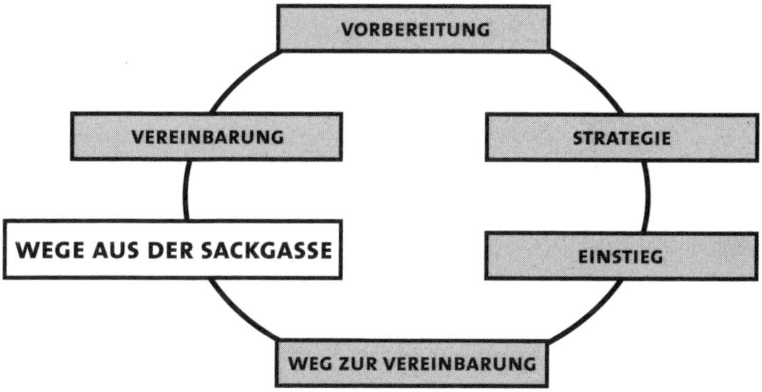

15 Drei Möglichkeiten, um aus der Sackgasse herauszukommen

Die Verhandlung ist in einer Sackgasse gelandet. Die restlichen noch zu klärenden Punkte stehen sich unversöhnlich gegenüber und die Kooperation zwischen den Verhandlungspartnern ist auf dem Nullpunkt angelangt.

Vielleicht haben Sie oder Ihr Verhandlungspartner sogar einen zusätzlichen Fehler begangen: Sie haben erklärt, dass nichts mehr geht. Sätze wie „Ich habe meine Untergrenze erreicht", „Das ist mein letzter Preis" oder „Ich stehe an der Wand" dürfen nie in einer Verhandlung vorkommen. Dadurch signalisieren Sie, dass Sie nicht mehr verhandeln können, nicht mehr handeln können.

Nun haben Sie drei Möglichkeiten, wieder aus der Sackgasse herauszukommen:

1. Auge um Auge: „Tit for Tat"
2. Gemeinsamkeiten statt Gegensätze
3. Warnung statt Drohung

Auge um Auge: „Tit for Tat"

Sie haben Ihre Zustimmung signalisiert und gehen auf den Verhandlungspartner zu, er hingegen will nur nehmen und nicht geben.

Wenn dieser Punkt erreicht ist, müssen Sie dagegensteuern und die Verhandlung sofort abbrechen. Ziehen Sie sich wieder auf Ihre Maximalforderung zurück und lassen Sie einen endgültigen Abbruch als Möglichkeit im Raum stehen.

Verlassen Sie die Verhandlung und signalisieren Sie dabei, dass Sie an einer weiteren Fortsetzung des Gesprächs interessiert sind. Dazu sind Sie allerdings nur dann bereit, wenn beide Seiten zu einer fairen Verhandlung zurückkommen und keiner auf einseitige Zugeständnisse besteht. Seien Sie dabei höflich und sehr bestimmt.

Machen Sie deutlich, dass Sie auf ein Signal der anderen Seite warten und dann gerne wieder an den Verhandlungstisch zurückkehren.

„Stand-by stress" wird diese Phase in der Verhandlungsführung genannt. Stress für Sie, weil Sie abwarten müssen. Noch mehr Stress für die andere Seite, die nun weiß, dass ein Zurückkehren mit neuen Zugeständnissen verbunden ist.

Sollte die Verhandlung fortgeführt werden, dann darf es auf Ihrer Seite kein Gewinnerlächeln und keine nachtragenden Kommentare geben. Verhalten Sie sich versöhnlich und kooperativ. Durch Ihre Entschlossenheit haben Sie gezeigt, dass Sie berechenbar und kooperativ sind. Was wollen Sie mehr?

Gemeinsamkeiten statt Gegensätze

Wenn Sie in der Sackgasse einer Verhandlung angekommen sind, besteht die Gefahr, dass Sie sich auf die Gegensätze konzentrieren und die Gemeinsamkeiten außer Acht lassen. Die unüberwindbaren Positionen werden laufend diskutiert und sind somit auch ständig in Ihrer Konzentration präsent. Wichtig ist es nun, die Gedanken wieder in die andere, die positive Richtung zu lenken. Formulieren Sie die Argumente bewusst positiv und stellen Sie Ihre Kooperationsbereitschaft in den Vordergrund.

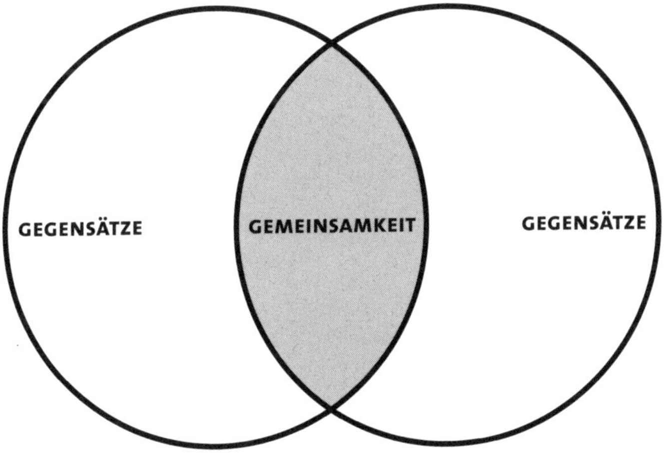

Warnung statt Drohung

Möglicherweise reicht die Konzentration auf die positiven Alternativen nicht aus. Dann müssen Sie zur „ultima ratio", der letzten von Vernunft getragenen Handlung, greifen, der Warnung.

Sie können nur bis zu einem bestimmten Maße Ihr Entgegenkommen signalisieren. Wenn Sie zu viel anbieten, werden Sie wohl Ihr Verhandlungsziel nicht mehr erreichen. Ihr Verhandlungspartner wird es auch sehr schnell realisieren, dass Sie in hohem Maße kooperativ sind und diese Haltung eventuell ausnutzen.

Der Grundsatz der Reziprozität gilt natürlich auch in der Sackgasse und Sie können, nachdem Sie Ihr eigenes Entgegenkommen angeboten haben, auf ein Entgegenkommen Ihres Verhandlungspartners warten. Der nächste Schritt wird nun von ihm erwartet und er muss – reziprok – auf Sie zukommen.

Sollte er das nicht tun, dann müssen Sie ihn warnen. Warnen, nicht drohen.

Eine **Drohung** sagt aus, was Sie Ihrem Gegenüber antun werden, wenn er nicht einschwenkt. „Wenn Sie mir nicht entgegenkommen, dann werde ich ..." Diese Wenn-Dann-Formulierung droht meist eine negative Konsequenz an.

Eine **Warnung** hingegen überwindet die gegensätzlichen Positionen und stellt die Gemeinsamkeiten wieder in den Vordergrund. Hierbei werden die gemeinsame Ausgangsposition, das gemeinsame Ziel und der Weg zu einem gemeinsamen Ziel formuliert. Und das Wichtigste: die Auswirkungen eines Scheiterns werden als nicht mehr zu verhindernder Automatismus dargestellt.

Ein Beispiel: „Lieber Herr Verhandlungspartner, wir beide stehen jetzt in einer entscheidenden Phase der Verhandlung. Wir haben noch ein Teilstück auf dem Weg zu unserer gemeinsamen Vereinbarung zurückzulegen. Ich bin Ihnen jetzt mit meinem neuen Angebot einen Schritt entgegengekommen und warte jetzt auf ein Zeichen von Ihrer Seite. Wenn wir unser gemeinsames Ziel, die Unterzeichnung des Vertrages, heute nicht gemeinsam realisieren, dann wird mein Vorstand die Verhandlung für beendet erklären. Wie denken Sie, könnten wir weitermachen?"

Drei Möglichkeiten, um aus der Sackgasse herauszukommen

1. Auge um Auge: „Tit for Tat“
2. Gemeinsamkeiten statt Gegensätze
3. Warnung statt Drohung

Vermeiden Sie Formulierungen wie

- „Ich habe meine Untergrenze erreicht“
- „Das ist mein letzter Preis“
- „Ich stehe an der Wand“

16 Wann ist die Verhandlung abgeschlossen?

Womit keiner gerechnet hat: Ein Beispiel aus der Drogenfahndung

Die Übergabe von einem Päckchen Heroin mit 100 Gramm hatte optimal geklappt. Der Drogendealer war Patient einer Rehabilitationsanstalt für Drogenabhängige und hatte in dieser Tarnung viele Monate andere Patienten mit Heroin versorgt. Ein anderer Patient war auf unserer Seite und hatte uns einen Tipp gegeben.

Zusammen mit den Kollegen von der Drogenfahndung und des LKA hatten wir sofort Kontakt mit dem Dealer aufgenommen. Ein Kollege hatte die Vorhut gespielt und erst ein Gramm zur Probe gekauft. Das wird immer dann gemacht, wenn eine neue „Kundenbeziehung" aufgebaut wird. Das Heroin wird getestet und auf Reinheit überprüft. Nach diesem Test wird dann eine größere Menge gekauft, in diesem Fall waren es 10 Gramm Heroin. Auch dieser Deal hatte geklappt und nun wurde der „richtige" Deal vorbereitet. Wir hatten 100 Gramm geordert, um dann bei dieser Menge „den Zugriff zu machen", ihn also festzunehmen.

Zu diesem großen Deal kam ich als Einkäufer. Genauso wie bei Business-Verhandlungen ab einer bestimmten Menge der Verkaufsleiter dazukommt, so kommt auch bei der Polizei ab einer gewissen Menge ein „Verkaufsleiter" dazu.

Der Dealer und ich trafen uns an einer Kreuzung unter einer Straßenlaterne in einer kleinen oberbayerischen Ortschaft. Er kam alleine mit einer Jutetasche aus dem Dunkeln und ging auf die Kreuzung zu. Ich kam auch alleine aus der Ortschaft und ging ihm entgegen. Unter der Straßenlaterne trafen wir uns und begannen die Verhandlung. Er zeigte mir das „Gift", so heißt das im Drogenmilieu, und fragte mich nach dem Geld. Ich nahm das Geld aus der Tasche und hielt es ihm vor die Augen. Dann standen wir beide im Schein der Laterne und übergaben das Rauschgift und das Geld. Das war der Abschluss unserer Verhandlung.

Er wusste jedoch nicht, dass mein Funkgerät eingeschaltet war und meine Kollegen durch ein Kennwort das „Go“ für die Festnahme bekamen.

So fuhren plötzlich drei Autos auf uns zu und kreisten uns ein. Die Kollegen sprangen aus den Autos und nahmen den Dealer fest.

So weit, so gut. Mein Part der Verhandlungsführung war abgeschlossen.

Dem Dealer wurden beide Hände mit einer Plastikfessel auf den Rücken gebunden. Nach dem Fesseln wurde er auf die Rücksitzbank eines Autos gesetzt. Er saß mit den Händen auf dem Rücken auf dem Rücksitz, meine Kollegen und ich standen um das Auto herum und besprachen das weitere Vorgehen.

Plötzlich sprang der Dealer mit einem Butterfly-Messer in der Hand aus dem Auto und wollte auf mich einstechen. Er hatte das Butterfly-Messer – eine Art Klappmesser mit einer zweischneidigen Klinge – hinter seinem Rücken versteckt, es mit seinen gefesselten Händen herausgezogen, die Plastikfessel durchgeschnitten und nun als Waffe gegen mich gerichtet.

Ich hatte glücklicherweise eine große Taschenlampe in der Hand und konnte den Angriff abwehren. Meine Hand wurde aber von dem Messer getroffen und blutete stark. Meine Kollegen und ich stürzten uns dann auf den Dealer und überwältigten ihn.

Wie konnte so etwas passieren?

Der Dealer wurde nach der Festnahme natürlich von den Kollegen nach Waffen durchsucht. Dabei wurde das Messer leider nicht gefunden, denn er hatte es mit einem Klebestreifen am Rücken angeklebt und somit verbergen können.

Tatsächliches Ende der Verhandlung

Nun stellt sich die Frage, wann denn eine Verhandlung zu Ende ist? Mit der Übergabe der Drogen, mit der Übergabe des Geldes, mit der Fesselung des Dealers, mit seiner Inhaftierung?

Das Ende der Verhandlung orientiert sich am Ziel der Verhandlung. Das Ziel der Festnahme des Täters ist erst erfüllt, wenn der Täter in Haft sitzt. Und keine Minute vorher. Deshalb kam bei dieser Verhandlung das Ende erst nach dem Abschluss. Der Abschluss muss nämlich nicht zwangsläufig das Ende der Verhandlung sein.

Wann ist die Verhandlung beispielsweise für einen Verkäufer zu Ende? Mit dem Abschluss und der feierlichen Unterschrift? Mit der Übergabe der Ware? Mit dem Eintreffen des Geldes? Mit dem Ablauf der Stornofrist? Diese Fragen können natürlich nur wieder Sie für sich entscheiden. Ich behaupte, dass im Verkaufsprozess die Verhandlung erst beendet ist, wenn das Geld auf dem Konto eingetroffen ist. Und keine Minute vorher.

Überlegen Sie bitte, wann das tatsächliche Ende der Verhandlung erreicht ist. Die Unterschrift unter der Vereinbarung ist meist nur ein Zwischenschritt, nicht aber das tatsächliche Ende der Verhandlung. Geben Sie sich erst zufrieden, wenn Sie das Ziel der Verhandlung erreicht haben.

Wenn Sie das Ziel der Verhandlung, also auch das Minimalziel, nicht erreicht haben, dann müssen Sie die Verhandlung abbrechen. Schade? Vielleicht! Möglicherweise ist es besser, eine Verhandlung abzubrechen und zu einem neuen Zeitpunkt mit neuen Alternativen wieder zu beginnen.

Ich warne Sie davor, eine Verhandlung leichtfertig zu beenden und auf eine bessere Ausgangsposition für ein neues Zusammentreffen zu hoffen. Nur wenn sich tatsächlich bis zu einer neuen Verhandlung weitere Alternativen ergeben, dürfen Sie abbrechen und vertagen.

Dies wäre beispielsweise dann der Fall, wenn ein neues Produkt, eine neue Kundenanalyse oder ein neues Budget auftauchen. Wenn sich bis zur nächsten Verhandlung nichts ändern wird, brauchen Sie auch nicht abzubrechen und zu vertagen.

Wann ist die Verhandlung abgeschlossen?

- Mit der Unterschrift?
- Mit dem Eintreffen des Geldes?
- Mit dem Ablauf der Stornofrist?

Eine Verhandlung ist dann beendet, wenn Sie Ihr Verhandlungsziel erreicht haben. Und keine Minute vorher.

Teil 6

Zusammenfassung der Verhandlungstipps

1 Entscheiden Sie, ob Sie verhandeln sollen

Sie haben drei Möglichkeiten:

- Vermeidung einer Auseinandersetzung
- Führung einer Verhandlung
- Durchsetzung Ihrer Interessen ohne Verhandlung

Was passiert, wenn Sie nichts tun?

Welchen Verlauf wird die Situation wohl nehmen, wenn Sie nicht eingreifen? Entwerfen Sie bitte Szenarien für den Best Case und für den Worst Case.

Schritte zur Entscheidungsfindung:

1. Beschreibung der derzeitigen Situation
2. Welche Argumente sprechen für eine Verhandlung?
3. Welche Argumente sprechen gegen eine Verhandlung?
4. Bewertung der Argumente
5. Entwurf eines Szenarios:
   - Was ist, wenn wir nichts tun?
   - Wie könnte der Worst Case aussehen, wenn wir nicht verhandeln?
   - Wie könnte der Best Case aussehen, wenn wir nicht verhandeln?

Wann ist der richtige Zeitpunkt?

Das weiß niemand. Probieren Sie es aus und legen Sie los. Beziehen Sie zu Beginn der Verhandlung auf gar keinen Fall eine feste Position.

2 *Bestimmen Sie Ihr Verhandlungsziel*

Formulieren Sie einen Zielbereich

- Im Maximalziel beschreiben Sie den für Sie optimalen Ausgang der Verhandlung
- Im Minimalziel halten Sie fest, was unbedingt eintreten muss, damit Sie die Verhandlung weiterführen werden
- Sollten Sie das Minimalziel nicht erreichen, müssten Sie die Verhandlung abbrechen

Nutzen Sie die SMART-Formel:

- Specific
- Measurable
- Acceptability
- Realistic
- Time

Bringen Sie Ihre Ziele in eine zeitliche Reihenfolge

- Mit welchem Ziel beginnen Sie?
- Welches Ziel folgt dann?
- Welches ist das abschließende Ziel?

3 Prüfen Sie jede Information doppelt

Informationen sammeln

- Sammeln Sie alle Informationen, die Sie bekommen können – auch die zu diesem Zeitpunkt noch nicht relevanten

Nutzen Sie das Information Board

- Notieren Sie alle – auch noch nicht relevante – Informationen

Nutzen Sie den Double-Check

- Führen Sie bei allen Informationen den Double-Check durch – d.h. überprüfen Sie bitte den Wahrheitsgehalt aus mindestens zwei Sichtweisen

4 *Verhandeln Sie in einem Team*

Der Business-Negotiator

- Macht seine Verantwortung für die Verhandlung deutlich
- Weist bereits zu Beginn auf die höheren Instanzen hin
- Verweist aus taktischen Gründen auf die höhere Instanz, ohne seine persönliche Kompetenz zu mindern

Der Business-Commander

- Bleibt im Hintergrund
- Greift nur ein, wenn der Negotiator die vereinbarten Linien überschritten hat
- Überwacht die Verhandlung

Der Business-Decision-Maker

- Trifft die Entscheidung
- Trägt die Verantwortung für diese Entscheidung

5 Checkliste zur Vorbereitung

Es kann sich nur derjenige auf den Verhandlungspartner konzentrieren, der sich selbst gut kennt und nicht mit sich selbst beschäftigt ist.

Erkennen Sie in der Vorbereitung bereits

- die Forderungen
- die Motive
- die Ziele
- die Argumente
- die Gemeinsamkeiten
- die Gegensätze

Dieser Fragenkatalog steht im Internet unter www.schranner.com/service zum Download bereit.

6 Formulieren Sie Ihre Strategie

Überlegen Sie bitte Folgendes:

- Wie ist die Macht verteilt?
- Wie wichtig ist mir die Verhandlung – wie wichtig ist sie dem Verhandlungspartner?
- Wie soll das Verhältnis nach der Verhandlung sein?
- Wie viele Gemeinsamkeiten gibt es?

Wählen Sie Ihre Strategie aus den fünf grundsätzlichen Möglichkeiten

- Drängen
- Ausweichen
- Nachgeben
- Zusammenarbeit
- Kompromiss

7 *Taktieren Sie beim Einstieg*

- Beginnen Sie mit einem Warm-up
- Stellen Sie sich mit Ihrem Verantwortungsbereich vor
- Hinterfragen Sie die Kompetenz Ihres Verhandlungspartners
- Vereinbaren Sie Spielregeln
- Erstellen Sie eine Agenda

8 Drei taktische Alternativen des Einstiegs

- Sie stellen selbst eine hohe Forderung
- Sie warten auf die Forderung und spielen auf „Treffen in der Mitte“
- Sie warten ab

9 *Steigen Sie in emotionale Verhandlungen emotional ein*

Verstehen Sie die Sichtweise Ihres Verhandlungspartners

- Versuchen Sie, andere Sichtweisen zu verstehen
- Sie sollten die andere Sichtweise nicht übernehmen, sondern nur verstehen
- Wenn Sie die Sichtweise verstehen, verstehen Sie auch die Gefühle

Verstehen Sie die Gefühle Ihres Gesprächspartners

- Vermeiden Sie es, die Situation Ihres Verhandlungspartners anzusprechen
- Täuschen Sie kein Verständnis für seine Situation vor
- Verstehen Sie seine Gefühle
- Bringen Sie eigene Beispiele, in denen Sie ähnliche Gefühle erlebt haben

10 *Schaffen Sie den Verhandlungsgegenstand*

- Bringen Sie so viele Alternativen wie möglich in die Verhandlung ein
- Sprechen Sie ausschließlich im Konjunktiv
- Kombinieren Sie Ihre Sätze mit abschwächenden Formulierungen
- Hinterfragen Sie Erstaunen und Ablehnung
- Vermeiden Sie jede Festlegung

11 *Versetzen Sie sich in Ihren Verhandlungspartner*

- Hören Sie bitte genau zu
- Fragen und hinterfragen Sie
- Versuchen Sie, in die Gedankenwelt Ihres Verhandlungspartners einzudringen
- Achten Sie weniger darauf, was er fordert
- Achten Sie mehr darauf, warum er etwas fordert

12 *Die konstruktive Konfrontation*

Verhandeln Sie reziprok

Verhandeln ist Handeln

- Geben Sie und nehmen Sie
- Konzentrieren Sie sich auf Gemeinsamkeiten

Einbringen von eigenen Vorschlägen

- Bringen Sie nur die Argumente ein, die Sie unbedingt brauchen
- Sie leben vom Ergebnis, nicht vom Applaus
- Bewerten Sie eigene Vorschläge nicht

Ablehnung von Vorschlägen

- Bedanken Sie sich auch für inakzeptable Vorschläge
- Zerlegen Sie die Vorschläge in mögliche Alternativen
- Machen Sie keine Gegenvorschläge
- Führen Sie die Vorschläge weiter
- Lehnen Sie die Vorschläge durch Fragen ab

13 Der Umgang mit Stress

Affektive Phase:

- Langsam und ruhig zu sprechen beginnen
- Jede Festlegung vermeiden und im Konjunktiv sprechen
- Jeden Hinweis auf weiteren Druck vermeiden
- Wenig reden und viel zuhören
- Jede rationale Argumentation vermeiden – Ihr Verhandlungspartner wird sie nicht aufnehmen können

Kognitive Phase:

- Bedanken Sie sich für die Annahme Ihres Vorschlages oder das Einbringen eines Vorschlages Ihres Gegenübers
- Wiederholen Sie den Vorschlag: „Wenn ich Sie richtig verstanden habe, dann ..."
- Lassen Sie sich von Ihrem Verhandlungspartner die Richtigkeit der Wiederholung bestätigen
- Halten Sie diese Vereinbarung schriftlich fest

Chaotische Phase:

- Vermeiden Sie den Druck der Vertragsunterzeichnung und machen Sie eine Verhandlungspause
- Sprechen Sie beim Gang zur Toilette oder zum Kaffeeautomaten sehr ruhig mit Ihrem Verhandlungspartner über Themen, die nichts mit der Verhandlung zu tun haben
- Sprechen Sie von eigenen Beispielen, in denen Sie selbst angespannt und gestresst waren, weil sehr viel auf dem Spiel stand
- Sagen Sie ihm, dass Sie seine Gefühle verstehen, sprechen Sie nicht über seine Situation
- Sobald der Verhandlungspartner wieder in der kognitiven Phase ist, können Sie die Verhandlung fortsetzen

14 *Dosieren Sie Ihre Emotionalität*

- Lassen Sie Ihre emotionale Betroffenheit nur bis zu einem bestimmten Grad zu
- Vermeiden Sie ein Reagieren
- Brechen Sie die Verhandlung ab, sobald Sie nur noch reagieren

15 Drei Möglichkeiten, um aus der Sackgasse herauszukommen

1. Auge um Auge: „Tit for Tat“
2. Gemeinsamkeiten statt Gegensätze
3. Warnung statt Drohung

Vermeiden Sie Formulierungen wie

- „Ich habe meine Untergrenze erreicht“
- „Das ist mein letzter Preis“
- „Ich stehe an der Wand“

16 *Wann ist die Verhandlung abgeschlossen?*

- Mit der Unterschrift?
- Mit dem Eintreffen des Geldes?
- Mit dem Ablauf der Stornofrist?

Eine Verhandlung ist dann beendet, wenn Sie Ihr Verhandlungsziel erreicht haben. Und keine Minute vorher.

Danke

Ich bedanke mich bei Dr. Hannes Steiner, Dr. Hans Eicher und Mag. Brigitte Mayer für die Begleitung von der Idee bis zum Druck dieses Buches.

Gefreut habe ich mich über meine Probeleser, die mit einem ehrlichen und detaillierten Feedback zum Gelingen dieses Buches beigetragen haben. Vor allem haben mich Dr. Christine Platzer, Manfred Bühler und Axel Sonnenschein sehr stark unterstützt.

Der größte Dank gebührt, wie bei meinem ersten Buch „Verhandeln im Grenzbereich", wieder dem besten Verhandler der Welt, meinem Sohn Marco. Seit zwei Jahren wird er nun von seinem Bruder Fabio unterstützt. Die beiden wechseln sich ständig als Negotiator und Commander ab, tauschen die Positionen und kommen immer zum Ziel. Sie sind die wahren Decision Maker.

Literaturhinweise

Raymond Saner, Verhandlungstechnik, Bern 1997
Frederick J. Lanceley, Crisis Negotiators, Miami 1999
David Oliver, How to Negotiate Effectively, London 2003
Roy J. Lewicki, Essentials of Negotiation, New York City 2001